송인숙 수필집

파킨슨 환자가 가고 싶은 진실의 문

송인숙

송인숙

1952년 충북 청주에서 출생하였고 한국방송대학 행정학과를 졸업하였다. 청주 청원군 보건소에 근무를 하였고 서울시 공무원으로도 근무하였다. 제1시집 "목련이 피면"을 출간하면서 시인으로 등단하였고 꾸준한 창작활동으로 제2시집 "봄 여름 가을 그리고 겨울"과 제3시집 "나의 봄을 기다리면서" 제 4시집 "또 다른 하루"를 세상에 내놓았다. 그리고 첫번째 수필집 "파킨슨 환자의 고백-세상이 나에게 준 선물"에 이어 이제 두번째 수필집 "파킨슨 환자가 가고 싶은 진실의 문"을 출판한다.

송인숙 수필집
파킨슨 환자가 가고 싶은 진실의 문

초판1쇄 인쇄 l 2025년 10월 31일
초판1쇄 발행 l 2025년 10월 31일
펴낸곳 l 도서출판 그림책
지은이 l 송인숙
디자인 l 이정순 / 정해경
주 소 l 경기도 수원시 영통구 이의동 웰빙타운로 70
전 화 l 070-4105-8439
E - mail l khbang21@naver.com
표지디자인 l 토마토

이 책의 글과 그림의 저작권은 지은이와 그린이가 가지고 있습니다.
이 책의 일부 또는 전체에 대한 무단 복제 및 전재를 금합니다.
저자와의 합의에 의해 검인지는 생략합니다.
Published by 그림책 Co. Ltd. Printed in Korea

송인숙 수필집

파킨슨 환자가 가고 싶은 진실의 문

송인숙

수필집을 내며

파킨슨 환자가 가고 싶은 진실의 문

글을 쓰려고 앉아도 요즘은 마음처럼 잘 써지지 않는다. 문득 이런 생각이 들 때가 있다. '정말 이대로 끝나는 건 아닐까?' 그럴 때면 나도 모르게 두려움이 스민다. 단어가 도무지 떠오르지 않는다. 가끔은 단골 마트 이름조차 생각나지 않아 멍하니 앉아 있곤 한다. 이러다 정말로 아무것도 못 하게 되면, 내가 쓰고 싶었던 이야기들도 다 잊혀지는 건 아닐까… 걱정이 마음 한켠에 길게 머문다.

요즘의 나는 할 수 있는 일이 많지 않다. 피아노 앞에 앉아 건반을 더듬어 보지만, 굽어버린 손가락과 굳은 근육 때문에 손이 내 뜻대로 움직이지 않는다. 악보도 눈에 잘 들어오지 않아, 익숙하던 모차르트 소나타 11번조차 몇 번이고 틀리며 연주한다. 그래도 나는 다시 돌아올 날을 기다리며, 하루 중 가장 한가로운 시간엔 피아노 앞에 조용히 앉는다. 마음을 다잡는다. 피아노는 그냥 마음 내키는 대로 칠 수 있는 게 아니다. 어느 정도는 내면이 맑아져야 한다. 잡다한 생각들을 정리하고, 마음이 고요해져야 악보가 눈에 들어온다. 그 악보가 제대로 보여야 손끝이 기억을 되살린다.

일주일에 두 번, 두 시간이라도 피아노 앞에 앉아 있으려 한다. 연주가 되든 되지 않든, 그 앞에 앉아 있는 시간 자체가 나에게는 의미가 있다. 아무것도 할 수 없는 무기력한 나날들에서 무언가 남길 수 있는 꿈을 포기할 수 없다. 젊은 날부터 얼마나 많은 시간과 정성을 피아노에 쏟아왔던가. 그 마음을, 그 시간을 이제 와 무너뜨릴 수는 없다.

몸이 예전 같지 않아도, 마음이 자꾸 무너져 내려도, 나는 아직 노력하고 있다. 이 노력은 내가 살아 있다는 증거이고, 이 세대에 태어나 맡겨진 책무를 성실히 마무리하기 위해 노력하고 다시 길을 걷고 있다는 자취를 남기고 싶다.

글을 쓰는 시간, 피아노 앞에 앉는 그 순간들이 내게는 '희망'이다. 지금은 느리고 서툴러도, 포기하지 않는 이 마음이 나를 다시 움직이게 한다. 작가가 되고 싶었던 오랜 바람, 그때 꾼 꿈을 지금에 와서라도 놓치지 않으려 한다.

그래서 오늘도 나는 다시 한 번 마음을 추슬러본다. 글 한 줄, 음 하나라도 내 마음을 담아보려 애쓴다. 내일도, 또 그렇게 살아갈 것이다.

포기했던 꿈을 하루하루 다시 짚어가며, 늦게나마 나를 찾아가는 이 시간들이 참 소중하다. 이 시간 속에서 내 두 번째 수필집, "파킨슨 환자가 가고 싶은 진실의 문"을 세상에 조심스레 내놓는다.

송인숙 수필집
파킨슨 환자가 가고 싶은 진실의 문

수필집을 내며
파킨슨 환자가 가고 싶은 진실의 문…4

제1부 생활 속에서

살아온 길…12
장마가 오는 흐린 날…18
우리 동네 길…21
철(Fe)의 또 다른 의미…22
목걸이…25
속죄…26
들깨를 일면서…29
장마…33
별이 내린 천…35
눈빛…37
글이라도 쓰자…39
허전함…41
오늘 할 일…43
새벽, 손자가 생각나다…45
아버지 사초…46
싱크대 이상…48
운동…49
아름다운 나의 집…50
나의 친구들…52
잊혀져가는 과거…54

2023년도를 보내며…56
어느 날…60
뇌를 깨우자…62
바이올린과의 인연…65
책…70
나이 70세에…72
화가의 봉사…75
새봄 맞이하는 새싹…76
고향에서 정원을 가꾸는 박 선생에게…78
엄마 생각…81
길고 긴 무더위 속에서…83
인연…85
삶의 키…87

제2부 아픔 속에서

파킨슨 환자가 가고 싶은 진실의 문…90
나의 앞날이 보이는…93
새로운 꿈…95
파킨슨병 진단 나오는 날…99
동병상련 환우님과…101
아픔의 날…104
노력한다면…106
팔의 흔들림…107
그날이 그날인 것을…110
갑자기…113
악기를 연주하여 병을 극복한다면…115
아픔…118

매일 조금씩 노력한다면…119
실망…121
이제 글을 쓰지 말자…123
공부하는 날…125
글이란 왜 쓰는가…127
파킨슨 환자로 구년 살다…129
아픔을 이기기 위해서…132
한 해를 보내며…134
숨기고 싶은 여자…137
왼손이 흔들리는 날…139
꾸준한 노력…141
나는 파킨슨병이 아니다…143
살아가는 의지…145
팔의 흔들림…147
남편…150
아픔의 진실…152

제3부 세상 속에서

바람이 몹시 불던 날…156
여행과 골프의 의미…159
치앙마이 골프여행…161
남당리 다녀오며…163
8월의 휴가…165
베니스 수상 택시…167
백두산의 엉겅퀴…168
백두산 정원…169
천지에서 하늘을 보다…170
백두산 가는 길 …172

도문시 두만강…176
하롱베이를 가다…178
골프, 유람선을 타다…180
그리스 산토리니…182
여행을 끝낸 후…184
치앙마이에서 지인과의 골프…186

제4부 아직도 남은 이야기

농부의 빛나는 마음…190
나의 손자에게…191
오늘의 메뉴…192
비행기 안에서…193
여행…194
사파이어 골프장…195
백두산 그대…196
윤동주, 용정을 가다…197
파도를 보며…198
그리스 여행을 꿈꾸며…199
에게해의 파도…200
이방인…201
나바지오…202
빅토리아 폭포 1…203
빅토리아 폭포 2…204
쌍계사 가는 길…205
빌딩 숲길…206
부르스타코르즈에서…208

1부
생활 속에서

살아온 길

사람이 태어나면 아프고 병들고 세상을 허우적거리며 헤엄치듯 돌아다니다가 죽음의 길로 가는 것은 누구나 비슷하다. 어떻게 살았으며 누군가를 위해 무엇을 했는가, 즉 얼마나 사람들을 사랑하고 헌신했는가. 우린 이런 잣대로 사람을 평하고 아끼고 그리워하게 된다.

나는 열심히 그리고 내 꿈을 소중히 하고 그 꿈을 이루기 위해 작은 소망도 기도하며 노력했다. 비록 그것이 욕심이라는 허울에 갇혀 남들에게 비난을 받는다 해도 소신껏, 내가 원하는 삶을 살기 위해 최선을 다했다고 자부했었다. 그리고 모든 것이 이루어진다는 믿음으로 살았다. 어렸을 적에 기억에 남는 큰 후회는 어머님께 잘못했다는 후회의 반성이다. 그것은 항상 나를 괴롭히고 있으며 어머니를 그립게 하고 보고 싶게 한다. 나는 가난한 농부의 딸이다. 집안에 내려오는 유전 인자는 꽤 좋은 편은 아니다. 내가 존경하는 분은 아버지이다. 우리 아버지는 평상시 늘 공부하시고 초야에 묻혀 사시면서 농사일도 열심히 하셨다. 힘든 농사일을 하시고도 밤에 등잔불 밑에서 책을 보고 먹을 갈아 글을 쓰셨다. 틈만 나면 시조를 읊으시면 어머니는 처량하고 시끄럽다고 노래를 못하게 하였다.

아버지는 동네에서도 이웃 동네에서도 글씨 잘 쓰고 학식이 많다고 알려져 왔다. 아버지는 막내 동생이 태어나기도 전에 몸이 아파 병원에 다니셨다. 1961년도에 청주에 있는 병원이나 한의원에 다니다가 서울 대학 병원에 가서서 위암 수술 받으셨다. 병원에서 오실 때는 귀한 택시를 타고 오셨으며 아버지의 살고 싶은 욕망과 아버지를 붙들고 하루라도 같이 있고 싶어 하는 어머니의 간절한 소망은 늘 집안에 아버지 약을 달이고 한약 냄새를 풍기셨다. 10살이었던 소녀는 아픈 아버지의 사랑을 조금이라도 받고 싶어 아버지가 관심 있게 나를 지켜보고 말 한마디라도 해주시기를 원했다.

아버지는 또 서울에 또 올라가셨다. 그리고 적십자 병원에 입원하셨다. 얼마 만에 돌아오신 아버지의 모습은 비참하게 수척해지신 모습이었다. 지금 생각해보면 모두 헛된 일이었고 연구 시험용밖엔 처치할 수 없었을 것이다. 지금도 잊지 못하는 건 안경을 낀 아버지의 친구 병문안이다. 멀리 사시면서도 거의 매일 병문안을 오셨던 그분이 생각난다. 지금 나는 그분이 누구인지도 모르고 자식이 누구인지도 모르지만 아버지한테 지극정성으로 걱정하셨던 분이다.

과연 나는 아플 때 그런 친구가 있을까? 아니다. 나는 친구가 없다. 나만을 위해 살았기 때문에 친구를 옆에 둘 형편이 아니고 오직 내 새끼 걱정하고 훗날 우리 아이들 반듯하게 키우고 싶어 오직 집 벌레를 자처하며 살았다. 아버지가 돌아가신 후 한 달 후에 막내 여동생이 태어나고 우리 집안은 땅도 다 팔았고 빚만 잔뜩 있어 어머니는 온갖 일을 하셨다. 제일 걱정인 것은 자식 굶길까 봐 어린 자식 7명의 입에 음식을 넣어주고 잠자리 돌보고 뿔뿔이 흩어지지 말고 한 지붕 안에 모여 사는 것이 어머니의 큰 책무였다. 가르치고 인격을 갖춘 자식으로 성장시키는 것은 꿈도 꾸지 못했다.

우리 형제가 학교에 가는 것은 꿈도 못 꿨다. 오빠는 중 3 때 중퇴하고 농사

일을 도우며 현실의 고통을 이겨내는 수단으로 품삯으로 받아온 돈으로 기타를 사서 일하다가 쉬는 시간이 있으면 기타를 쳤고 악보를 그리며 목을 조여 오는 고통을 참으며 견디었고 나는 준비물이 부족하거나 뒷받침이 없으면 학교에 가기 싫었다.

욕심 많은 나는 남한테 지는 것도 싫고 떳떳하게 살라는 어머니의 가르침대로 당당하게 사는 것이 생활 신조였다. 중학교 수석이라는 합격의 명예는 새로운 길을 가게 하고 지금의 나를 있게 한 기틀이었다.

혜택도 많이 받고 선생님의 사랑도 많이 받아 사람들은 덕담도 해주고 우러러보는 사람도 많아졌다. 내가 계속 공부를 했다면 지금과는 다른 삶을 가졌을 것이다. 언니가 시집가고 오빠는 아들이라 눈치 보고 나는 만만한 딸이었다. 조금만 잘못하면 야단치고 때리고 공부하면 여자가 공부하면 팔자가 사나워진다고 소리 소리 질렀다. 나는 가출해서 이 집안에서 탈피하고 싶었다. 서울로 가출한 적도 있지만 기차 타고 서울 왔다가 되돌아갔다.

그 시절 나에게 공부가 중요하지 않았다. 나의 욕심대로 살아지지 않는 현실의 욕심으로 인해 매일매일 울었다. 엄마는 날 때리고 나는 바락바락 소리 지르고 대들었다. 도시락 싸주시면 그것을 몽땅 엄마 보는 앞에서 마루에 던지기도 하고 돼지에게 쏟아주기도 했다. 밥도 안 먹고 도시락도 가져가지 않아 엄마가 속 쓰릴 것을 상상하며 그것으로 엄마에게 분풀이하듯 반항했다. 그래서 결국 고교 입시는 보지도 못했다. 어머니의 가장 행복한 순간은 학부형 모임 때 학교 오시는 날 선생님들은 어머니한테 나의 칭찬을 많이 해주셔서 속으로 기뻐하셨다. 동네 사람들은 늘 일등짜리라고 말해주었고 엄마의 은근한 자랑거리였음을 알기에 그 유세를 톡톡히 하려 했다. 고교 입시를 보지 않는다니까 교장 선생님은 교장실에 세 번이나 부르셔서 장학생으로 갈 수 있다고 시험 보기를 권유하셨다. 나는 안 간다고 했다. 어머니의 화풀이 대상으로 옆에 머무는 것이 정말 싫었다.

나는 왜 엄마를 이해하지 않고 못된 짓을 했는지 이해가 안 된다. 어머니는 밤새 검불을 고르기 위해 키를 까부르시고 나는 등잔불 밑에서 밤새 책을 읽거나 공부를 하면 어머니 일 돕지 않고 책만 본다고 때리셔서 울면서 잠들었다. 그 시절 일의 고통이 얼마나 센지 나는 지금은 어머니를 이해한다.

새벽녘이 되어서야 잠자리에 들어선 어머니는 아침에 간신히 일어나서 아침밥을 지으면 반찬은 할 수가 없어 도시락에 장아찌 아니면 김치 정도였다. 그런 도시락 갖고 가는 것이 싫어 불평을 하고 어머니 밑에서 공부하기 싫어 서울에 가서 일하고 공부하고 싶어 친구한테 서울의 여학교 원서를 사다 달라고 했는데 그 친구는 원서를 사다 주지 않았다. 친구가 서울로 학교를 간다고 해서 사달라고 했던 것이다. 그 원서 값은 어머니의 소중한 노동의 대가였는데… 결국 나는 시험도 못 보고 어느 누구도 원망할 수 없었다.

학교 졸업식이 지나고 3일 되는 날 후배가 찾아와서 선생님이 오라고 하셔 학교에 가니 상급 학교에 안 갔으니 청주에서 가장 큰 병원에서 간호사의 일을 배우며 일하라고 권하셨다. 인생관이 분명하셨던 교장 선생님은 격려해주셨다. 열심히 하면 의사 고시도 있으니 무슨 일이라도 하면 훌륭한 사람이 될 수 있다 하셨다. 그래서 병원에서 일하기로 했다. 처음에는 청소와 심부름, 밤에는 수술 빨래를 했다. 수술이 많았던 병원은 수술복이 많이 나왔다. 침대 덮개 등… 혈액을 먼저 뺀 후 푹푹 삶아서 클로로칼키에 담근 후 헹구어서 빨래를 해서 널었다. 거즈도 접고 병원 생활에 익숙해지면 주사 놓는 법도 배웠다. 훌륭하고 지역에 존경받는 선생님이 제일 먼저 심부름 시킨 것은 서랍 빼서 정리하라고 하셨다.

나는 선생님의 심부름이라 먼지 하나도 없이 꼼꼼하게 서랍을 정리하여 갖다 드렸더니 말씀하셨다.
"세상에서 하는 일은 빨리 해야 할 것, 꼼꼼하게 해야 할 것, 깨끗이 해야 할 것 등등 있는데 서랍 정리는 대강 해도 좋으니 시간 걸려서 꼼꼼하게 하지 말거라."

하루가 지난 이튿날 선생님은 또 부르셨다.
"오늘은 외과에서 가장 중요한 소독에 대해 말해주마. 핀셋 등을 만지는 법은 손가락으로 위를 만져야 하며 균에 오염되지 않게 깨끗하게 관리해야 한다."
나는 이렇게 하나씩 배워나갔다.

사모님은 피곤하니 일찍 자라고 하는데 고단한 몸은 어머니를 생각나게 했고 책도 읽고 글도 쓰고 싶어 밤중에 촛불을 켜놓고 책을 읽다가 혼나기도 했다. 얼마나 일이 고됐는지 잠을 자다가 엄마의 깨끗한 솜이불에 지도도 그려놓은 적이 있다. 꿈속에서 소변을 본다는 것이 이불에도 실수하고 말았다.

고등학교 교복 입은 애들 보면 너무 학교에 가고 싶었다. 나를 구박하는 어머니한테 가고 싶고 보고 싶었다. 첫 달 월급을 어머니한테 드리지 못하고 유복녀 막내 동생 원피스를 월급의 반을 잘라 시장에 가서 사서 어머님께 드렸더니 돈으로 안 준다고 걱정하셨다.

내가 예쁜 옷을 입어보지 못해서 늘 바라던 소원이 예쁜 옷 입어보는 것이어서 돈 아까운 줄 모르고 구슬로 수 놓은 빨간 원피스를 샀다. 동생이 입으면 예쁘고 좋아할 걸 상상하면서 그날은 행복했다. 동생한테 해줄 수 있는 게 있어서다.

장마가 오는 흐린 날

장마가 오는 흐린 날
서울에 비는 많이 오지 않지만 어둠이 땅에 내려앉는다. 어둑해진 하늘 저 먼 곳의 나뭇잎이 바람에 몸을 맡긴 채 흔들리고 있는 모습은 바람을 일으키는 풍로에서 에너지가 형성되어서 서서히 번지고 있는 모양 같다.

지구의 바람도 태풍도 일어나는 시작은 저렇게 시작될 것 같다. 어떤 힘에 의해 바람을 일으켜 그 힘이 모아지면 태풍이 된다. 그리고 멈출 줄 모르고 날아가다가 주위의 에너지가 똘똘 뭉쳐 점점 강하게 확산되어 길 따라 몰아쳐 온다. 그래서 조용히 살고 있는 평범한 사람들에게 큰 피해를 입히고 사라지는 태풍처럼 아카시아 나무의 가지가 바람을 모을 때, 아… 바람이 부는구나 하고 느낀다.

요새 며칠 나라는 많이 시끄럽다. 국회 의석수가 많은 야당이 국회에서 처리하는 일들을 민주주의와는 다른 모양으로 일을 처리하고 있고 여기에 반발하고 있는 여당과 서로 매일 싸우고 있다.

국정 조사에서 위원이 별이 번쩍이는 마크를 달고 있는 증인에게 "나가서 10분 있다 들어오라"고 초등생에게 지적하는 듯한 말투는 나의 기억에는 없었던 것 같다. 국회의원 수가 많다고 이렇게 국회를 파행으로 몰아가고 이재명 의원을 수사한 검사를 탄핵으로 몰고 간다니 도저히 이해가 되지 않는다.

시청 앞에서는 역주행 하다가 인도로 뛰어든 차량 때문에 장래가 촉망되고 가정의 기둥이 되어 사회를 아름답게 가꾸고 봉사하는 젊은이를 한꺼번에 9명이나 생명을 앗아갔다. 어찌하여 이런 일이 있을 수 있는지 조물주가 있다면 따지고 싶다. 승진하여 축하하기 위해 모인 은행 직원 4명, 상 받은 시청 직원과 같이 식사한 직원 2명, 병원에서 일하던 젊은 청년 3명, 20대 30대의 힘 있는 청춘의 목숨을 잃게 한 운전기사의 급발진 주장이 이해 안 간다.

내 나라의 일들이 시끄럽게 돌아가고 억울한 죽음이 많이 있을 때 평범한 시민들은 잠을 이룰 수 없다.

무서운 공포가 밀려오는 밤이다. 바람에 의해 문이 저절로 닫히면 무서워서 귀가 쫑긋 올라가고 가만히 주변을 살펴보며 열려있는 창문을 닫으며 문단속을 한다.

어제 밤에는 남편이 차에 치이는 꿈을 꾸고 울었다. 내가 우는 소리에 깜짝 놀라 잠을 깼다. 남편인 그이가 지금 옆에 없음을 느꼈다. 무서움과 현실을 망각하는 실망스러움이 느껴지지만 남편은 집에 있는 날, 엉덩이를 소파에서 떼지 않는다. 움직이지도 않고 할 일도 없다고 갈 데도 없다고 소파에 앉아 조는 모습을 보면 미워진다.

그래서 남편이 아직 있을 곳은 시골이란 생각이 든다. 청주 내수에서 남편은 할 일이 많다. 마당에서 하루가 짧다고 올라오는 풀들도 뽑아야 하고 그 사이에서 먹을 채소도 심어 가꾸기도 하고 아침에도 두 시간씩 동네 길을 산책하는 남편의 생활은 낭만적이다.

서울에서 답답한 생활보다도 전원의 생활이 그이한테는 값지고 행복할 수 있다. 내가 아프긴 해도 이것은 나와의 싸움이다. 아프다고 아무것도 안 하고 누워있으면 몸은 점점 나빠지고 능력이 쇠퇴하여 아무것도 할 수 없을 것이다. 힘들어도 청소도 하고 음식도 만들어 '나'라는 사람이 살고 있다는 것을 스스로 깨닫는 삶이 될 것이다.

5월에 처방해준 도파민 약이 내게는 좋은 것 같다. 그 약 먹은 후, 증세가 훨씬 좋아졌다. 어느 날 기분 좋은 날은 병이 완전히 나은 것 같다. 그러다 깜빡하여 점심을 안 먹고 약을 안 먹으면 아무것도 할 수 없다. 어지러워 몸을 움직이기 어려워진다.

우리 동네 길

늘 다녀온 불평이 없는 동네 길, 똑같은 사람이 같은 길을 오가는 이 길은 동네 사람들 오랜만에 만나면 안부를 묻는다. 길에 서서 걸음을 멈추고 만남을 노래하는 이 길은 관악산 줄기라서 동네 길은 가파르다.

넉넉지 못한 사람들이 형편에 맞게 아픔을 치유하며 살아가는 동네라 땅값이 싸서 둥지를 틀게 된 사람들, 특별한 사람도 살지 않아 정부의 정책이나 혜택도 없는 동네인데 이 동네에서 사십 년 넘게 살다 보니 젊을 때 들어온 사람들이 모두 노인이 되었다.

집집마다 노인들이 살고 있다. 그런 분들 때문인지 지난 가을에 아스팔트 바닥에 금을 그어 파내더니 거기에 전기선 같은 것을 깔아 주었다. 눈이 녹는 열선이라고 하니 감격스러웠다.

11월 중에 눈이 많이 오던 날, 꼭대기 사람들은 열선 때문에 많은 눈이 쏟아졌어도 눈을 치운다고 눈을 맞고 눈을 쓸지 않아도 눈은 오는 대로 녹았다. 눈 오는 날, 눈을 쓸지 않아도 눈이 사르르 녹는 이 동네를 자랑하고 싶다. 사계절이 변하는 자연이 있고 다른 동네에는 열선을 깔지 않았는데 열선이 깔린 이 동네에서 살아가는 행복한 마음을 많은 사람들에게 알리고 싶다.

철(Fe)의 또 다른 의미

철은 영원한 영혼을 상징한다. 철처럼 오래도록 빛날 수 있는 것이 또 있을까?

오랜 옛날부터 이어 내려온 강한 힘이 있는 철은 공기 중의 산소를 만나 산화되어야 부서진다. 우리의 몸도 에너지가 철처럼 산화되어야 흙으로 돌아간다. 부스러지는 철의 마지막 산화된 모습은 인간의 마지막 모습처럼 볼품이 없다.

철의 강인한 기질은 H_2O를 만나지 않는다면 변하지 않는 강하고 늠름한 모습으로 영원히 남겨질 형상이다. 우리와 가장 가까이 친하게 지내온 철은 부식되어도 한꺼번에 없어지지 않고 그것은 또다시 용광로에 들어와 새 철과 합해져 강한 쇠붙이로 탄생한다. 어떤 유혹이 들어와도 죽기 전에는 변하지 않는 철의 강한 의지와 신념은 불사조가 되어 가슴에 울림을 준다.

산화되어 가는 철의 의미와 사람들의 마지막 모습을 생각하니 옛날 할머니 이야기가 생각난다.

아래 지방 사시던 할머니의 과거가 폭로되던 날이었다. 서울에서 자식을 다섯이나 낳은 할머니는 예전에 어느 양반 댁 경상도 고을에 살았는데 결혼하여 딸 하나 낳고 사시다가 남편이 세상 떠나고 그렇게는 살 수 없어 딸아이가 젖을 뗀 후, 할머니는 그 집을 떠나오고 말았다. 서울에 와서 홀아비 된 지금의 영감님을 만나 딸 둘에 아들 셋을 낳아 70이 되도록 평탄하게 살아온 날에 어느 날 시골에서 떼어 놓은 딸이 어머니를 찾아 서울에 왔었다.

가끔 할머니는 막걸리에 취해서 정신없이 살아가던 날들을 이해하게 되었지만, 어머니 얼굴을 잊은 채 그리움을 안고 살았을 딸을 생각해보면 우리의 가슴도 아프다.

물을 만나야 산화되어 가는 철처럼 자식을 낳아 천 가지 만 가지 근심이 가슴속 썩어간 어머니들! 자식들의 어머니상은 훌륭하고 이 세상 가장 아름다운 상이다. 옛날 어머니들이 학교에도 가지 않아 지적인 면과 세상 이치는 못 깨우쳤어도 마음 하나 변치 않고 주어진 운명대로 살아가는 체념과 자식 부양의 의무는 현대의 주관이 뚜렷한 사람들과는 완전히 다르다. 나어린 시절 우리가 보아온 어머니는 자식을 위해 희생해도 당연시하고 자식을 위해서라면 배가 고파도 참고 자식에게 무엇이든 주려고 했다.

연일 TV에서는 "내가 번 것을 다 쓰고 죽자, 자식에게 물려주지 말자"고 말하는 강사들이 나오지만, 옛날의 어머니들은 자식을 위해서라면 희생하고 그 할머니처럼 몰래 딸을 떼어 놓고 나올 처지가 되었다면 비밀을 숨기고 가슴에 한만 남긴 채 불행하게 살아야 했다.

지금은 아무것도 아닌데 그 할머니 시골 딸이 있다고 밝혀지던 날, 우리 동네 서울 할머니들은 술렁댔다. 이해가 되면서도 비밀로 숨겨졌던 일들이 폭로되던 날이니 동네가 떠들썩했다. 지금은 누구에게도 흉이 되지 않으며 그런 일이 있어도 그러려니 하고 넘어가 버린다.

세월이 많이 변했다. 자식은 잘 키우고 집안을 지켜나가기 위해 애쓴 할머니께 그런 사연이 있었다니. 그 맘이 철처럼 강한 여인인 줄 알았는데 그런 슬픔과 한이 있었으니 그 여인의 마음속의 철은 이미 다 산화가 되어 부스러기로 남아 있다.

그러나 그 철의 찌꺼기는 그 후손에게 남아 할머니의 강한 인내력을 지켜나가리라 생각해본다.

지금은 이런 이야기는 소설이나 옛날이야기로 남게 될 슬픈 이야기지만 우리 민족의 애환으로 오래오래 남게 되리라 생각한다. 우리가 살아온 진짜 이야기이기 때문이다.

목걸이

잠을 이렇게 잘 잘 수 있는 이유가 없는데 잠이 부족한 듯 자고 있다. 특별히 일한 것 같지 않은데 피곤하다. 나이 들어 모든 세포가 늙으면 본능과 경험에 의해서 일하는 것이지 힘이 있어서 하는 것은 아니다.

어려서 할머니 존재를 모르고 자랐기 때문에 나는 어른들의 생활 관습에 대해서 알 수 없어 지금의 나의 생활이 지극히 정상적인지 아니면 늙은이로서 최선을 다하고 사는 것인지 알 수 없다.

느끼는 건 매일매일 지나지만 흔적 없이 시간만 보내고 있다. 일의 성과가 없다. 내가 하는 일은 남들은 칭찬하지만 나는 부족한 것이 많다고 생각한다. 하루하루 방황하지 말고 진실되게 살아왔다면 지금 후회하지 않고 정리하며 살았을 텐데… 아직도 나는 꿈을 구슬처럼 꿰고 있다. 목걸이로 탄생되는 날 고백하리라. 숨기며 살고 있는 나의 비밀을…

노년에는 그동안 마무리 짓지 못한 일들을 정리하여 나만의 목걸이로 만들자. 그 목걸이 하고서 영원한 여행을 위해 아무도 모르는 그곳으로 떠나가자.

속죄

사람은 살아가면서 늘 진실하고 거짓말하지 않고 친절하게 살기를 희망만 한다. 그리고 사람들은 거의 그렇게 살아가려고 애쓰고 있다.

남편과 나는 우리의 생활 경제가 그리 나쁜 편은 아닌 걸 알면서도 적당히 일하고 남한테 지탄받지 않는 사람이 되기 위해서 평범한 도덕성과 양심으로 살아가려 노력한다. 특별히 아픈 곳이 없어 남편이나 나는 병원에서 수술이나 치료를 해본 적이 없다.

내가 10년 전에 파킨슨병 진단받고 약을 먹고 증세가 심한 날, 고생하는 것 이외에는 특별히 나쁜 게 없다. 파킨슨병 환자가 일하는 것을 사람들은 별로 안 좋아한다. 일하지 말고 쉬라고 한다.

올해도 그이는 밭에 감자를 심어 제법 알이 굵게 여물어 감자를 수확했다. 애들도 나누어주고 감자가 먹고 싶을 때는 감자를 삶아 먹는다. 그이는 아픈 내게 조금이라도 도움을 주기 위해 가장 더운 여름에 좀 시원한 곳에 가서 쉬다 오자고 태국 치앙마이 리조트에 신청하여 보름 동안 쉬다 오기로 했다. 보름을 비울 생각하니 집안일을 해놓을 게 많았다. 각종 공과금과 세금을 미리 내야 하고 빈방 관리나 집 안 청소 수리도 미리 해야 했다.

여행하기 위해서 준비해야 할 일은 약 챙기기, 잇몸이 안 좋아 칠하는 알보

칠(ALBOCHYL) 약, 정형외과 진통제, 소금, 그리고 또, 몸이 안 좋을 때 마사지할 수 있는 기구를 챙기고 발가락 진물 나지 않게 반창고 감고 운동하기 위하여 반창고 챙기기 등등 많이 있는데 겨우 파킨슨 약과 변비약만 챙기고 입을 옷(소매 긴 옷)도 준비하지 않았다.

여행 준비에 바쁜 날에 영선한테서 전화가 왔다. 영선은 암시를 받았는지 죽음을 얘기해서 내가 가서 만나겠다고 말하니, 지금의 몰골을 보여주기 싫다고 해서 가서 만나는 것을 포기했다. 그리고, 여행하기 일주일 전 영선은 죽을 것 같다고 하며 전화할 사람이 나밖에 없다고 했다. 나는 희망을 갖자, 용기를 내자, 기도하자고 밖에 말할 수 없었다.

그리고 여행을 갔다. 일주일 되던 날부터 잇몸이 아프더니, 골반이 부풀어 아픈데 신경이 부딪혀 불이 번쩍이는 듯이 반응하며 아팠다. 약을 먹어도 효과가 없고 걸을 수가 없었다. 아파서… 골프를 치지 말고 쉬어야 하는데 그래도 골프를 쳤다. 그리고, 금요일, 영선이가 죽었다고 부고장이 왔다. 나는 영선이한테 미안하기도 하고 불쌍하기도 하고 나의 잘못으로 인해 친구 얼굴도 보지 못하고 보낸 것에 대해 미안함으로 엉엉 울었다. 그러나 동반자와 함께 운동하고 있으니 맘 놓고 울 수도 없어 속으로 울어야 했다.

이제 앞으로는 절대 당장 해야 할 일을 결정하고 미루지 말자. 친구를 보고 위로하기 위해 병원에 가 보아야만 했지만 영선이가 힘들다고 해서 그 말을 핑계 삼아 나의 몸도 힘들어서 가지 않았다. 그래도 그렇게 빨리 가리라고는 생각 못 했는데 죽을 것 같다고 말했는데도 난 그걸 진정으로 못 받아들였다.

영선이의 그 말들이 떠오를 때마다 영선의 그리움이 더욱 밀려온다. 진심으로 전해오는 말 한마디로 그냥 넘기지 말자. 무언가, 나에게 남겨진 말 한마디도 남을 수 있다면 내 몸이 힘들더라도 최선을 다해 베풀 수 있는 마음으로 다가서길 다짐하고 다짐한다.

그 한마디 남기고 가는 그 사람들의 마음은 얼마나 힘들었을까? 모든 분에게 편한 죽음이 되길 기도한다.

한국으로 돌아와 제일 먼저 친구의 납골당에 찾아갔다. 상냥하고 밝게 웃어주던 모습은 보이지 않고 싸늘한 시선이 나를 향해 말하는 것 같았다.

"친구야, 아프지 말고 잘 지내다 와. 너를 못 기다려주어 미안해."

들깨를 일면서

남편이 사업을 접은 지도 2년이 되어간다. 남편은 청주에 있는 국립 대학을 졸업하고 7급 공무원 시험에 합격하여 서울 시청에 근무할 때 딸아이가 원인 모를 병에 걸렸었다. 그래서 병원을 옮겨 다니며 치료하러 다닐 때 남편은 중동에 가서 돈 벌어 와야지만 딸을 치료하고 키울 수 있다고 말하면서 공무원을 사표 내고 건설 회사로 가서 일했다.

사회로 나온 지 20년 되던 해에 남편은 건설 회사를 운영하고 싶어 했다. 그러나 성격이 착하고 늘 일을 처리할 때 더 나은 방향으로 꼼꼼하게 결정하거나 일이 잘 되는 방향으로 처리하려는 성격을 잘 알고 있는 나는 건설 회사는 안 된다고 하였다. 형부처럼 일을 하는 것보다 노는 날이 많은 것 같은 택시 사장이 더 좋은 것 같아 택시 회사를 사서 운영하자고 했다.

택시 회사는 다행히 큰 이익은 없었지만 그래도 월급을 꼬박꼬박 계산하여 가져다주고 직원으로 근무하는 것보다 사장으로 근무할 때 스트레스를 덜 받고 자기 일을 열심히 하였고 목표를 달성할 수 있는 기회가 생김으로 부득이한 위험이 생길 수 있는 건설업보다는 조심하여 운전하고 안전한 운행을 위해 신경 쓰면 마음이 편한 택시 사업을 하게 되었다. 20년 동안 근무하여 안정적으로 월급을 갖다 주었지만 나는 내 나름대로 경제 활동을 할 수 있어서 남편이 일해서 월급으로 주는 돈을 거의 안 쓰고 예금했다.

나는 내가 일한 것으로 쓰고 수입 한도 내에서 지출을 하려고 애썼다. 그래서 아들이 초등학교 2학년 때 주산 학원에 다니면서 공부할 때 재미있다고 더 다니겠다고 하는 것을 엄마랑 같이 공부하자고 3달 다니고 나서 끊었다. 나는 그 일을 생각하면 가슴이 아프다. 그 당시에 더 암산과 주산 실력을 늘렸다면 수학을 더 좋아하지 않았을까!

그 당시 공무원으로 출근하던 나는 사표 내고 집 안에서 애들을 키웠다. 월급의 3분의 2 이상을 저축하고 둘째가 몸이 많이 아파서 서울대 병원에서 치료해야 했기 때문에 생활비를 아껴 저축했다. 더구나 내가 살아야 할 집을 구해 이사해야 하기 때문에 잘 살기 위해서는 새벽에 일어나서 일찍 빨래도 해야 하고 외식도 하지 않고 집에서 해 먹는 습관을 길러야 했다. 알뜰하고 규모 있는 살림을 하기 위해서 친구도 안 만나고 집 벌레처럼 집에서 일하는 생활을 했다.

그렇게 세월이 흐르고 오늘, 청주에 와서 청주 집을 정리하기 위해 왔다. 회사를 그만두고 부동산 정리하려 하나 부동산을 보러 오는 사람이 없다. 금리가 높으니 여유 없는 사람들은 부동산을 살려고 하는 사람들이 어디 있을까? 남편은 20년을 청주에서 살다 보니 서울에서 있는 것보다 시골인 내수에서 지내는 것을 좋아한다.

남편은 서울에서 이틀 밤만 자게 되면 청주 집이 궁금하다고 청주에 간다. 내가 시골에 와서 청소하고 먹을 것을 챙겨주기 위해 남편이 사는 집에 오면 아침에 작은 새 소리가 들린다. 무슨 새인지 알 수 없는데 한참 울고 있다. 어제 날씨가 하루 종일 흐리더니 밤에 눈이 내리다 멈추었는데 또 눈이 온다.

날씨가 추운 날은 아니라서 눈이 와도 곧 녹아버릴 운명이라 걱정은 안 해도 되었다.

우리의 나이가 60이 되었을 10년 전에 나중에 전원주택을 예쁘게 짓고 싶어 400평의 밭을 샀는데 부동산을 잘 알지도 못해서 맹지를 사게 되어 집 짓는 일을 포기했고 땅은 팔리지 않았다. 그러다 밭 옆에 붙어 있는 작은 산 400여 평을 사서 길을 내어 맹지를 벗어난 땅이 되었다.

남편은 막내 아들이라 특별히 호강스럽게 자라진 않았지만 그래도 부유한 집안에서 자라 농사를 짓는 집안에서 자랐어도 일을 하는 것을 잘 몰랐다. 농사에 대해서 옆에 살고 있는 분들한테 배우고 고구마 심을 때, 감자 캘 때, 또 들깨 모종을 할 때 내가 와서 도와주니 취미 생활하듯 농사일을 하고 있다.

나는 어머님이 혼자 살게 되어 어머니를 잘 도와드리지 못하는 나쁜 딸이라고 자책하지만 어머니 하시는 일을 방관할 수 없어 밥도 해서 광주리에 넣어 머리에 이고 갖다 드리고 틈틈이 엄마 일을 도와야 했기에 농사에 대해 아는 것이 많았다. 씨앗 파종이나 가꾸는 것에 대해 잘 알고 있다. 그런데 왜 나는 불효라 생각했나. 이것은 엄마보다 우선 나를 생각했기 때문이다. 직장 다닐 때 돈을 어머니께 몽땅 드리지 않았다.

지난 가을에 중국 여행을 하고 와서 들깨 기름을 짜야 하기에 깨를 씻어 말리기 위해 피곤함을 풀기 위해 초저녁에 한숨 자고 밤 2시에 일어나 들깨를 일었다. 이것을 기름으로 짜면 아이들도 주고 1년 동안 먹을 들기름이 충분

하다. 반은 볶아서 조금 고소하게 짜고 반은 생으로 짜서 날 기름으로 먹을 것이다. 들깨는 알이 작아 그 알갱이가 모여져서 이렇게 많은 양이 되다니 새삼 놀랍다. 남편이 한 알의 들깨를 거두어 들인 정성과 수고를 생각하면 들깨 한 알이 소중하고 대견스럽다.

장마

정부에서 '장마'라는 말을 쓰지 말자고 작년에는 말했는데 올해는 장마 전선이 6월 말일경부터 올라와 장마가 전국을 돌아다니며 집중 호우를 쏟아 놓는다. 그동안 과거 통계를 보면 절기와 맞았던 우리나라의 날씨가 혼선을 주는 것은 갑작스러운 현대의 생활 환경의 탓인가 해도 예측할 수 없는 날씨는 그동안의 오랫동안의 기후와 절기에 관한 역사를 헤집어 놓는다.

어제 밤에 비가 많이 내렸는데 내가 사는 곳은 보슬비로 내려 빗소리 듣지 못하고 내내 잠을 잤다. 올해 장마의 특징은 특정 지역에 집중적으로 쏟아져 갑자기 불어난 물이 큰 피해를 입힌다.

우리 가족들이 사는 곳엔 아직 큰 피해가 없지만 남편이 농사짓는다고 매달리는 밭에서 풀 뽑을 일이 늘 걱정이다. 손길이 닿아져 열매 맺는 주인의 정성과 하늘의 조화가 있어야 풍년이 드는 일반적 진리는 자식과 부모 관계에도 마찬가지이다.

부모의 각별하고 섬세한 사랑으로 돌보아 꿈을 가진 아이들이 훗날 바르게 성장하여 그들이 필요할 때 사회에 보탬이 되고 나라의 기둥이 되는 아이로 자랄 수 있는 일반적 법칙은 변함이 없다.

이 세상에 공짜로 이루어지는 것은 없다. 세심한 정성과 사랑을 주어야 결과물이 나오는 농작물처럼 사람도 정성을 들이고 사랑으로 키워야 후회하지 않는 삶이 될 수 있다.

예전에 훌륭한 어머니가 장한 자식을 키워 미담으로 남아있는 옛 이야기처럼 엄마의 역할에 대해 생각해본다. 자기 개성을 중시하고 인격을 존중하자는 개인의 삶을 아끼고 오직 자신에 충실하게 살아가는 개인주의가 만연한 현대에서는 가끔 사람들을 놀라게 하는 일들이 발생한다. 옛날 어머니가 생각하지도 못했던 일들이 생긴다. 불과 100년도 안 된 옛날에 어머니들은 자식을 많이 낳아 키울 수 있었을 때로 배 굶주리지 말고 배불리 먹으라고 입양을 보내는 일도 있었지만 지금의 젊은 엄마들은 책임감이나 의무감이 없어 아이 키우는 일에 집중하지 않는다.

아이의 인권을 존중하는 현대에서 단체나 정부에서는 개인의 인권을 중시하는데 젊은 아기 엄마는 자기가 낳은 아기를 쉽게 포기한다. 아기를 낳았으면 새처럼 희생해서 새가 날아갈 수 있을 때까지 보금자리를 만들어 키워야 한다. 새는 다 키우고 나면 어미가 먼저 날아가듯이 어미한테 의지하지 않도록 스스로 생존할 수 있게 떠난다. 우리는 엄마가 되었으면 그 새끼를 자립할 수 있을 때까지 키우고 가르쳐야 한다. 형편이 안된다면 못 가르친다 해도 우선 기본 욕구는 충족할 수 있게 엄마가 보호막이 되어야 한다. 절대 아기를 희생시켜서는 안된다. 아기를 낳은 엄마는 그 아기를 위해 자기 몸을 희생하더라도 지키고 키워줘야 한다는 것을 가슴에 새기고 사랑하는 법을 배웠으면 좋겠다. 옛날 어머니가 훌륭했던 것은 이런 정신으로 키웠기 때문이다. 그 어머니의 사랑은 지금도 빛나고 있다.

별이 내린 천

옛길이 기억에 남아있지도 않은 냇가, 하천이 큰 산에서 이어져 내려와 골짜기에 잔돌이 구르던 흙길에 잡풀을 걷어내고 다듬어 걷기 좋게 만든 하천은 별이 내린 천이라고 이름 지어져 신림천은 사라졌다.

장마철 한 번에 비가 많이 오면 하천이 넘쳐 집 안까지 물이 차서 난리 치던 곳, 가끔 아직도 홍수에 사람들을 놀라게 하는 날도 있지만 자연을 극복하기 위해 사람들이 모여 사는 곳, 그리고 산책할 공간을 잠시라도 주기 위해 길이 무너지면 또 공사해서 산책할 공간을 만든다.

갑자기 비가 많이 와 물이 불어나 하천이 넘쳐 홍수가 나서 집 안에 물이 차는 것을 방지하기 위해 서울대 정문 앞 로타리 지하에 저수조 탱크를 만들어 관악산에서 내려오는 맑은 물을 저장하여 홍수도 막고 그 물은 냇가에 물이 없을 때 조금씩 흘려 보내기도 한다.

한강에서 끌어온 물로, 냇가에 물이 흐르지 않아도, 비가 오지 않아 산에서 물이 흐르지 않아도, 별이 내린 천에는 물이 흐르고 커다란 잉어가 자유로이 휘젓고 다니는 냇가에 천둥오리와 물새, 왜가리가 다리를 꼬고 졸고 있다.

할머니와 산책하는 아이가 신기해서 쳐다보고 종알거리면 별이 내린 천에는 물속에서는 별들이 반짝이고 가끔씩 보이는 갈대숲은 싱싱하고 생기 넘치는 바람을 불러와 산책하는 이들과 길손을 즐겁게 한다.

깨끗한 물과 더러운 물을 골라서 흐르게 하여 항상 물이 흐르고 사람들이 더럽혀진 물을 쏟아내도 하천은 냄새가 나지 않고 맑고 시원하다. "생활하다 지친 사람들 여기 시냇물에 와서 쉬다 가라"고 속삭인다. 별이 내린 하천엔 별처럼 반짝이는 사람들만큼 수많은 불빛이 반사가 되어 먼 곳에서는 별처럼 보이는 아름다운 전설의 고향이 된다.

신림동의 냇가,
별이 내린 천.

눈빛

작은 눈이지만 눈을 조용히 쳐다보고 있으면 눈은 커다란 세상이 된다. 사람의 눈은 이 세상의 어느 것보다 우월하고 사랑스럽고 눈을 보면 수많은 생각이 나고 새로운 세상의 이치를 깨친다.

사람의 눈 속에 지구 끝 우주의 공간까지 볼 수 있는 지혜는 첫눈에 볼 수 있는 느낌이다. 눈을 보면 한꺼번에 나타나는 현상, 초월적인 광기처럼 스스로 터득할 수 있는 우리의 눈빛. 스스로 뛰어나고픈 어른을 닮고 싶은 아이의 천연덕스러운 눈빛에서 나는 아이의 마음을 읽는다.

'그래, 너는 아직 어린애야. 아직 너의 존재를 나타내기는 어리지. 천재가 아니야.'

스스로 아이의 재능을 인정하며 그러나 티 없이 맑은 눈동자, 눈물이 고여 허기진 배를 채우는 아이의 눈빛에서 분노를 참아가며 떨어지는 영롱한 구슬 같은 눈물 방울은 심장의 박동 소리마저 멎게 한다.

숨죽이고 감상하는 오케스트라의 리듬처럼 전해져 오는 짜릿한 진동은 사랑의 그리움이다. 먼 훗날 이 눈물을 누가 알까? 젓가락을 잡은 손가락의 빛이 유난히 사랑스럽고 빛나는 아직 철없는 아이는 속 아픔을 참아내면서, "아, 왜 갑자기 졸립지?" 하면서 쏟아대던 아이의 참사랑, 화가 난 마음을 감추기 위해서 넋두리 해온 말을 '너의 모든 것을 사랑하는 할미는 너의 속말을 알고 있단다'라고 생각한다.

오라비는 버스에서 동생이 앉은 임산부석에 마음이 거슬렸다. "앉지 말고 일어나라"고 어르는 12세 소년, 철없는 8세 소녀 동생은 겁 없이 앉아 또 오라비 속을 태우다 식당에서도 또 오라비 속을 태워, 조용히 하라 말리는 할미 앞에서 진주 방울 같은 눈물을 뚝뚝 흘리며, 마음을 삭아내는 아이의 아름다운 아픔이 내 가슴을 적신다.

사랑하는 내 아이들, 눈빛. 눈빛을 보면 우리는 모든 걸 알면서도 모른 체하고 그 눈빛의 슬픔을 쓰다듬어줄 사람을 만날 수 있을지 걱정이 된다.

도덕적 교육의 실천을 생활화하는 착한 아이의 삶이 빛나는 아름답고 착한 눈빛. 숨기고 싶어 앞머리 자르지 않고 눈까지 머리가 내려와 할아버지는 "내일은 꼭 머리 자르도록 해" 이르는 말에 머리가 가려주는 아름다운 손자 눈빛.

글이라도 쓰자

많은 비는 오지 않지만 장마철이라 하늘은 흐리고 가끔 비가 가랑비로 내린다. 습해도 온도가 올라가지 않고 찬 공기가 내려와 잠을 잘 때 따뜻이 해 줘야 몸이 덜 아프다.

거의 1년이 넘게 글을 쓰지 않았다. 가끔은 써야지 하면서도 펜을 잡지 못하고 고통을 이기지 못하는 시간들이 흘러간다.

왼쪽 팔과 다리, 골반이 아파 정형외과 약을 먹으면 안 아프다. 하지만 약으로 고통을 이기면 또 지고 말 것 같아 될 수 있으면 안 먹고 견디고 있다.

오늘 밤은 잠이 안 온다. 낮에 특별히 육체적인 노동은 안 했어도 전화하고 남편이 산버섯을 따와 그걸 데쳐서 다듬고 피아노를 연주하고 다섯시 반에 동그라미 모임에 참석하기 위해 청주 산남동에 가서 식사하고 돌아왔다.

한밤중에 잠을 이룰 수 없어 밖에 나갔는데 까만 고양이가 마당에서 움직이지도 않고 쳐다보고 있어 무서웠다. 빗자루로 가라고 위협해도 도망가지 않고 쳐다본다. 고양이를 쫓아내고 마당을 두 바퀴 돌았으나 무서워 방으로 돌아왔다.

코로나19가 돌아 방역하고 격리하고 마스크 쓴 지가 벌써 6개월이다. 피아노 레슨 안간지 반년이 지났다. 바이올린은 지난 달부터 시작했는데 피아노는 계속하는 것이 나의 건강에 도움이 되는데 매일 망설이고 있다.

늘 바쁘다. 피아노를 연습할 마음의 자세가 없어 피아노에 앉을 여유가 생기지 않는다. 노력을 해야 하는데 연습할 그 시간들의 긴장과 머릿속의 하모니가 바쁘게 지나가는 하루의 일들을 이길 수 있을지 걱정이 된다.

오늘부터라도 글을 쓰자. 일기라도 그냥 생각나는 게 있다면 그거라도 아무 글이나 쓰자.

허전함

손자 현이가 지난 주에도 할머니 집에서 자고 싶다고 말했는데 특별히 해주는 것도 없으면서 손자와 손녀를 돌볼 마음의 준비가 되어있지 않아 다음 주에 와서 자자고 했다.

막내 사위 건강도 안 좋고 경빈이 생일도 다가와 며느리는 가족들을 초대했다. 토요일 날 딸은 아이들 가르치는 영어 강사 학습 시간이 있어 참여 안 했고, 큰딸의 손자는 유치원에서 돌봐 달라고 맡겼기에 손자 보기를 요청한 남편은 아이를 데려와서 온 가족이 함께 하기를 원했지만 엄마가 가야 아이를 데려올 수 있다고 하여 아기는 보지도 못했다.

초등교사로 몸담고 있어 바쁜 며느리는 닭곰탕을 하얗게 냄새 안 나게 끓였다. 낙지와 쭈꾸미 볶음도 하고 냉이, 시금치 나물도 무쳤다. 정성을 다한 한 끼의 점심 식사였다. 딸네도 불러서 함께 한 즐거운 날이었다.

현이와 빈이가 토요일 날 왔다. 점심은 중국집에 음식을 시켜 먹었고 저녁은 목살을 구워서 주고 집에 있는 반찬으로 먹었다.

밤에 잠자다가 빈이가 엄마 보고 싶다고 울었다. 아들 내외가 놀랄까 봐 빈이 달래서 재우고 전화를 하지 않았다.

아침 먹고 애비가 애들 데리러 와서 현이와 빈이가 집에 갔다. 몸이 안 좋아 청주 가는 거 포기하고 남편은 혼자 청주를 갔다.

우선 남편이 청주로 가는 날 나는 마음이 가볍고 기쁘며 할 일이 없을 것 같아 즐거워진다. 그러나 그 마음도 잠시, 집 안에 침묵이 흐르면 조용한 집안의 분위기는 공포로 몰려와 냉장고 돌아가는 소리에도 무서움이 밀려와 어릴 적 언니와 함께 잠을 잘 때 밖에서 이상한 소리 들려오면 무서워 밖에 나가지 못했던 온몸을 전율케 하던 두려움이 잠시 스친다.

남편이 없고 나 혼자라는 것을 확인한 후 곧 다시 쓸쓸한 적막감이 온몸에 밀려온다. 말을 할 수도 없고 토닥거릴 남편도 없으니 이제 나만의 시간이 아픈 가슴을 쓸어내리고 있다. 누군가를 위해서 식탁을 준비하지 않으니 얼마나 만족한 행복이 스치는지. 당분간은 하고 싶은 대로 거실에서 뒹굴고 노래 부르고 싶은 곡을 찾아서 중얼거리고 모든 것에서 해방된 기쁨이 다시 오리라는 걸 알지만 아픈 가슴에 구멍이 뚫려 행복이 떠나간 자리에 허전함이 밀려온다.

텅 빈자리에 남아있는 쓸쓸함이 온 집안의 공기를 감쌀 때 무엇을 먼저 해야 할지 몰라 거실에서 서성이며 망설일 때 가정의 행복이란 온 식구 모여 복잡하고 시끄러울 때, 아이들이 자기 주장 들어 달라고 소리 지르며 울고 있을 때 찾아온다. 서로 공존하는 사랑의 입김이 식어갈 때 조용하고 단순해 보이는 한가한 평화는 아픈 마음을 헤집어 놓는 허전함이 밀려온다. 나 어렸을 적 사랑하는 어머니에게 용서받지 못한 아픈 사랑이 밀려올 때 여유로운 시간에 찾아오는 이 허전함도 위안이 되리라.

오늘 할 일

어제 몸이 안 좋아서 아무 일도 안 했다. 건강해지고 싶어 훌라후프를 꺼내 아침저녁 두 번, 오랜만에 하는 거라 잠깐 돌렸다.

오늘 신문에 기사 났다고 파킨슨 치료하여 완쾌해지는 게 있다고 읽어보라고 하여 관심을 보였지만, 출산시 제대혈의 줄기세포를 이용하여 수술하여 큰 성과가 있다고 한다. 몇 년 전부터 일본에서 줄기세포 이식 수술이 있다고 권해준 분이 있었는데 그런 내용인 듯했다.

오늘은 봉천동 집에 가서 청소를 하기로 마음먹고 집에서 나왔다. 걸음을 걷는데 다리가 위로 넘어갈 듯하게 걷고 있는 다리가 남의 다리인 듯하다. 내리막길을 조심조심 발을 내딛었다. 넘어질까 봐.

복도 청소하는데 숨도 차고 팔다리도 아프고 허리도 아프다. 힘이 들어도 청소하고 나면 기분이 좋아지는 그런 시간이 있었던 기억이 있어 복도 닦고 1층 유리 창틀에 쌓인 먼지도 닦았다.

걸음이 잘 안 걸리고 아플 때는 머릿속까지 이상해서 치매가 걸리면 어쩌나 하고 걱정한다. 무사히 청소 마치고 정형외과에 들러 물리치료 받고 약을 받아왔다. 물리치료 받으니 몸이 좀 좋아진 것 같다. 신림동 옥상 방수 칠한 거 확인하고 택시 안 타고 대중교통을 이용하기로 하여 버스를 타고 집에 왔다. 파킨슨병을 이기려면 운동도 하고 일해야 한다.

몸이 안 좋을 때는 나의 남아있는 시간이 언제까지일까 하고 의심도 하고 그 날을 위해 준비해야 하는 건 아닐까 하고 생각해본다. 아직은 더, 일도 하고 꿈도 꾸고 여행을 다니고 아플 때는 정형외과에서 받은 약도 먹자.

오늘 지금 이 글을 쓰고 있는데 왼손이 심하게 출렁거린다. 손에 힘을 주고 주먹을 꼭 쥐어도 흔들린다.

하루 일과를 되돌아보면 너무 일을 많이 한 것 같기도 한데 일을 끝낸 다음 점검할 때 목구멍에서 소리치고 싶은 기쁨이 있다. 정갈해진 마음에 드는 청소해서 깨끗해진 분위기는 늘 마음을 들뜨게 한다. 이 기분 때문에 일을 해도 힘들어도 힘들이지 않고 하는 원동력인가 보다. 내 손길이 닿아서 변해가는 모습을 보면 기분이 절로 좋아진다. 내가 늘 지니고 다니는 애장품은 아니지만 정성 들여 설계하고 다른 사람보다 많은 노력을 들여 지어놓은 나의 집이기에 사랑하는 마음이 변하지 않는다.

새벽, 손자가 생각나다

왜 또 잠을 못 자고 헤매고 있는지 며칠 동안 글을 쓰지 않아서일까? 불을 끄고 상상하며, 원초적인 신앙에 의지해도, 그리운 옛날 어린 시절 떠올려 봐도 불안한 마음 계속 사무쳐 몇 번씩 이부자리 박차고 일어나 거실을 헤맸다.

창문 열어 시원한 찬 공기 마셔봐도 시원하지 않은 마음은 무엇을 하자는 건지. 할 수 없이 불을 켜고 글을 쓰기로 했다. 글자 하나 쓸 때마다 왼쪽 손의 흔들림은 아프고 당황스럽다. 막상 무엇인가 쓰려 해도 단어가 생각 안 나고 글이 잘 써지지 않는데 뭘 하라는 건지 왜 잠을 못 자는지 알 수 없다. 가슴만 답답하고 큰딸의 아들만 생각하면 눈물이 난다.

어떻게 해야 하나? 손자한테 필요한 것이 무엇일까? 내일은 손자한테 가보기로 하자. 지금은 새벽이니 내일이 아니고 오늘 가보자. 할미가 얼마나 손자를 사랑하는지 보여주자.

뇌수막염을 앓아 뇌에 물이 꽉 차 있어서 감정을 느끼는 지혜가 전혀 없는 우리 아이. 물은 다 없어졌지만 어려서 5년 가까이 허송세월 발육이 늦은 우리 딸의 아들!

아버지 사초

오늘은 아버지 돌아가신 지 61년이 되는 해이다. 그동안 산소에도 안 가보고 돌보지 않아 봉분이 무너져 형편없는 산소가 되어 있다 해서 장손 조카와 언니, 여동생 둘과 세상 떠난 동생 아들 내외와 우리 아들이 왔다.

아버지 상여 따라 산소까지 울며 쫓아왔던 이 길. 그 후 난 아버지 산소에 두 번 온 것 같다. 아버지를 마음속에서 잊어버린 적은 없다. 늘 아버지한테 잘 보이고 싶었던 어린 시절이 있었다. 아버지가 말 걸어주고 관심 보여주시길!

아버지가 병이 깊어 진통 속에서 헤매일 때는 나에게 눈길 한 번 주시지 않아 서운했었다. 그러나 어린 시절 엄마한테 혼나고 밖에 나가 짚 둥가리에 숨어있을 때 어둠이 찾아와 아버지는 나를 찾으러 다니다 결국 아버지 손에 이끌려 집에 돌아갔던 일이 생각난다.

어릴 적 일이라 어쩌면 상상일지도 모른다는 생각을 한다. 그때의 그 두 분 부모님이 안계시니까. 그러나 기억력 좋은 내게는 못생겨서 사랑을 못 받았다 해도 엄마 아빠가 빨간 고추 다듬던 날, 따뜻한 봄날에 매운 고추 만져 맵다고 울음을 터트린 어린 시절, 아버지는 시렁 위에 얹어있던 까만 깨 인절미를 갖다 주어 울음을 달래 주었던 기억이 있다. 잘 보이고 싶었던 아버지였지만 집에서 큰길을 건너야 산소에 갈 수 있었다. 아버지 산소는 동네

앞 종산에 계셨다. 경부 고속도로 차 소리 들리고 보이는 곳이며 집에서도 보이는 앞산이었지만 아버지 산소에 가는 것이 어려워 보였다.

아버지는 왜 그곳에 가셨을까? 큰오빠가 사는 곳이 잘 보여 그랬을까? 큰오빠는 아빠가 계신 곳에서 바라볼 수 있는 그곳 동네에서 살고 있었다. 지금은 그곳에 안 사시지만 사초를 다 하고 잘 다듬어진 봉분 앞에 아버지 책(서예책)을 놓고 약간의 음식을 놓고 절했다.

난 아버지와의 대화 계속하리라. 항상 아버지가 옆에서 지켜보고 도와주시리라 믿으며 모든 걸 상의하고 싶다. 잘 되길 기대고 싶다.

음력 사월 초파일 아침에 돌아가신 아버지. 부처님 탄신일이라고 절에서 행사하던 날 가신 아버지, 엄마까지 교통 사고로 갑자기 돌아가셔서 그 후 절에 가서 부처님 앞에 엎드려 절하고 간절한 소원을 빌었던 나의 운명!

딸이 아팠어도 흔들리지 않았던 젊은 시절에 어머니의 사망이 절에 가서 기도를 해보지 않았던 나를 움직여 부처님 앞에 엎드리게 했다.

싱크대 이상

싱크대 교체를 안 하려고 몇 개월을 망설이다 할 수 없이 결심했다. 집 지은 지 24년이 지나 바꿀 때도 되었지만 중요한 이유는 윗 찬장이 벽에서 벌어져 있었다. 떨어져 사고가 나면 사람이 다칠 수 있는 상황이라 교체해야 했다.

이왕 하는 거라면 비싸도 이름 있는 거로 하고 싶어 메이커를 택해 견적을 받아보니 오백만 원이 넘게 들었다. 큰 변화 없이 처음 사용한 대로 해달라고 했다. 그릇 정리하고 한쪽으로 치우는 작업은 이사하는 것보다 더 어려웠다.

작업이 끝나 완성되었으나 멋있다고 생각은 안 든다. 하루 종일 뜯고 정리하고 공사를 했는데 왜 마음에 안 들까? 최고급이 아니라서 그런가 보다. 아니면 단골로 해 주던 분한테 의뢰하지 않고 방송 보고 선택했는데 젊은이들이 와서 시공해 주었는데 어딘지 어설픈 데가 있다. 확 마음이 다가가지 않았다. 쓸수록 정이 들수록 소중해지고 애착이 가는 마음을…

오른쪽 무릎이 시큰거리고 아프다. 정말 힘들었다.

운동

지난주 수요일, 월요일 조진환 선생님 운동이 있었다. 강사 선생님의 지도 아래 스트레칭이 주 운동인 시간은 파킨슨병의 증세와 치료를 입증하기 위해 환자 40명이 참여하는 프로젝트다. 지금까지 우리가 알던 운동법과는 차이가 있었다. 그리고 그 운동은 내게는 효과적이다.

골반과 다리가 아팠었는데 그 운동을 하고 보니 아픈 게 사라지는 것 같았다. 증세가 완화되는 것 같았다. 파킨슨 환자한테 꼭 필요한 스트레칭 방법이 아닐까? 열심히 참여하여 좋은 연구가 되었으면 좋겠다. 잠자리에서 일어나기 전, 잠자리에 들기 전 배운 대로 열심히 해서 효과적인 연구가 되면 좋겠다.

아름다운 나의 집

관악산 꼭대기에 살아서 선뜻 우리 집에 놀러 오란 말을 못 하고 살아가야 하는 사람들이 사는 동네는 봄이 되면 이름 모를 산새가 와서 울어주고 산에서 피는 꽃들과 나뭇잎과 산이 변해가는 모습을 보면서 살아간다.

밤에 옥상에 올라가 서울 시내 바라보면 반짝이는 불빛이 아름다워 우리 손주 녀석들 어릴 적에 서울의 불빛 보여주면 기분 전환에 좋은 자극제 역할을 해 주었다. 남산, 63빌딩, 여의도 빌딩 등에서 비치는 불빛은 환상적이다. 관악산 쪽으로는 캄캄하지만 반대 방향은 강한 여러 가지 빛깔의 반짝임이 아름답다. 이렇게 좋은 곳인데 "우리 집에 한 번 놀러 오세요" 하고 말을 못 한다.

찾아오는 길이 쉽지 않다. 길이 반듯하게 설계한 것이 아닌 자연 그대로의 길처럼 좌회전, 우회전을 여러 번 해야 돌고 돌아 올라와야 하기 때문에 편하고 빠른 것을 좋아하는 현대에는 인기가 없다. 우리 동네는 고시촌인데 한때는 불편함 때문에 공부하는 사람들한테 인기가 있었다. 산이 있어 공부하다 산책하며 머리 맑아지고 올라오기 힘들어 친구 안 찾아오고 방에 앉아서 공부하기 좋다고 고시 공부하던 학생들한테 인기 있었다.

나는 이 동네 들어온 지 사십 년이 넘었다. 그렇게 오랫동안 산 것은 아니지만 아이들 어리고 공부할 때 8학군을 찾아 강남에 가서 살기도 했지만 시골에서 자란 나는 이 지역 관악산이 좋아서 아들이 대학에 입학한 후 위치 좋은 강남을 떠나 다시 이 지역에 들어와 살고 있다. 사계절의 자연의 변화 느끼며 새로운 영감을 주는 나무와 그들이 속삭여 주는 사랑의 밀담은 평생 살아도 싫증이 없다.

교통이 나쁘고 관에서도 큰 혜택이 없어 주차하기도 힘들어 땅값도 안 오르고 보통 사람들에게 인기 있는 지역은 아니다. 우리 집에 있지만 주차할 공간이 부족하다. 살기 좋은 동네에는 대중교통이 편리해도 주차장이 모자라 관에서 운영하는 공영 주차장이 있지만 우리 동네에 없다. 나는 손주들을 보면 기분이 좋아져 자주 보고 싶지만 가까이 살아도 자주 못 본다. 오가는 게 불편하고 시장이 멀리 있어 배고픔을 해결하는 데 지장이 많다.

하지만 나는 이 동네를 좋아하고 사랑한다. 늘 꿈을 주기 때문이다. "내일은 꽃이 피겠지? 내일은 잎이 돋아나겠지? 곧 산새 소리 들려오겠지." 새 희망이 꿈틀대는 관악산을 바라보며 올해도 편안히 잘 지내겠지 하고 의지하고 꿈을 꾸는 나의 아름다운 집! 겨울에 하얀 눈이 내려 산을 하얗게 덮으면 새 꿈을 그릴 수 있는 내 동네, 곧 봄이 되어 새 꿈과 꽃이 함께 피어나 더욱 힘이 샘솟는 우리 동네.

나의 친구들

밖에 나가서 활동하다가 기운 떨어지고 아프고 힘에 겨우면 얼른 집에 가고 싶다. 집에 귀한 보물이나 먹을 것 묻어 놓았다고 젊을 때는 그런 말들을 하고 그랬지만 세상을 많이 경험해 본 늙은이에게는 이 말이 어울리지 않는다.

매스컴의 젊은 강사들은 아침에 나와서 해가 지면 집에 들어가라고 하지만 점점 약해져가는 늙은이에게는 밖에서 즐거움을 만끽하며 친구들이랑 노는 일도 중요하지만 우리에게는 그럴 여유도 없고 힘도 없다. 전시회나 아이쇼핑 하는 것도 피곤하고 다리도 아프고 해서 구경하러 다녀도 눈에 들어오는 것 없어 집으로 돌아와 편히 쉬고 싶다.

어떤 재미난 일도, 인연이나 목적이 있는 좋은 일도 이제 우리에게는 그림 속의 황금이다. 욕심도 가질 수 없고 허황된 생각도 할 수 없고 오직 이 육신 편안히 마음대로 쉴 수 있는 곳, 나만의 안식처가 최고이다. 동물이 자기만의 굴속에서 숨어 살듯이 노인의 삶은 나 자신을 편히 쉬게 할 수 있는 곳이 필요하다. 환경이 화려하거나 아름답거나 멋진 인테리어가 아니라도 좋다. 늘 살아오던 대로 익숙하고 손때가 묻어있는 생활 도구가 놓여있는 평범한 집이다.

밖에서 만나는 친구들은 만나면 즐겁지만 영원히 같이 할 수는 없고 시간이 지나면 각자 자기의 생활 터전으로 돌아가야 한다. 만나면 즐겁고 속내를 털어놓고 진심을 나누다 보면 고맙고 고통을 나누어 가진 우정에 대해 잊지 않으리라 다짐하지만 각자 집으로 돌아오면 우린 또, 내 곁에 있는 생활의 잔재들에 애정이 간다.

늘 거주하고 있는 집안의 모든 생활가구들은 아무 말 없이 그 자리 지키고 말이 없지만 늙은이인 우리는 손때가 묻은 물건을 만지며 속삭인다. "지난 세월 사랑하며 가슴에 뜨거웠던 욕망이 그립다고…" 집안에 돌아와 몸을 편히 쉴 수 있게 도와주는 친구들. 아플 때 만져주고 보듬어주는 기계적인 마사지 도구들이 외출해서도 생각나게 한다.

늙으면 사람에 의지하는 것보다 늘 살아온 생활 공간에 놓여있는 도구들이 친구들이 되어간다. 똑같은 일을 하는, 변하지 않고 그 자리 지켜주는 친구들이다. 말은 못하고 생명이 없는 듯해도 늘 옆에서 힘들어 할 때 언저리에 앉아 옆에서 끊임없이 위로해주는, 생활을 편리하게 큰 사고 안 나게 속삭여주는 내 집 안에 놓여있는 생활 도구인 친구들. 늘 함께 있어 편하고 내게 도움을 주는 그대들은 외로운 나의 친구들이다.

잊혀져가는 과거

아아, 잊어가고 있다. 황금 같았던 소중한 학창 시절. 특별한 시간, 일주일에 한 시간 문예 시간. 까마득하여 무슨 반인지 기억이 가물가물한데 기억나는 한 가지. 중학교 졸업 후 집에 있을 때 신춘문예에서 동시 합격한 친구가 후배를 위해 시에 대해 하루 강의해달라고 요청 왔다.

청주 도서관에서 이틀 동안 시에 대한 책을 빌려 메모하고 공부하여 후배들 문예반에 가서 한 시간 동안 시란 무엇인가 설명해준 기억이 있다. 그때 공부한 노트가 있었는데 그것도 버렸다. 시란 무엇인지 알고 승낙했을까? 나의 경험을 후배에게 나눌 수 있다면… 만약 그때 시에 대해 풍부한 지식이 있었다면 시에 대해 설명할 수 있었을까? 지금 제정신이 번쩍 들어 회상할 때 부끄러운 감정이 앞선다.

나의 시 공부는 그게 전부인 것 같은데… 아니? 다른 노트에도 공부한 흔적이 있다. 틈틈이 마음에 느끼는 글을 쓰고 책을 밤늦게 읽었다.

시란 글 쓰는 재주가 타고난 것이 아니다. 공부하고 자작시 읽어보고 생각해보고 가슴으로 자연과 느낌과 생활의 일상을 들어야 하고 보아야 한다. 새 소리 사랑하듯 음악 소리 사랑하고 피아노 배우고 싶고 바이올린 배우려 했던 작은 실천은 시의 노래를 사랑했기 때문일 거다. 내 마음에 자연을 사랑하는 노래가 있어야 시가 써진다고 생각한다.

평생 피아노 배운 것 같아도 실력이 늘지 않는다는 것은 시를 쓰기 위한 아름다운 노래를 부르고 싶어서 피아노 소리에 빠졌었나 보다. "왜 시간과 돈을 들여 피아노를 배웠는가? 아무 효과도 없는 것을…" 하고 물어본다. 그래서 지금도 글을 쓸 수 있는 마음을 갖게 해준 것은 피아노를 평생 사랑했기 때문일까? 시를 평생 쓰기 위한 서막이었다고. 피아노 소리 사랑한 것은 시 쓰는 예비 과정에서 시집을 들고 다니며 읽었고 가슴을 울리는 노래 소리 기억할 수 있게 음악을 공부하고 평생 길가에 핀 잡초처럼 아름다운 자연의 소리 들으며 인생을 살았다.

모든 것을 세상에 다 주고 비밀스러운 삶을 파헤쳐 누구나 느낄 수 있는 길가에 피어있는 꽃처럼, 내 생활을 속속들이 풀어서 시가 되도록 글을 쓰는 나는 가끔은 숨기고 싶은 것이 있다. 나만이 알고 싶은 진실 하나만이라도 남겨놓고 시를 쓰고 싶다.

2023년도를 보내며

신년이 되면 시간이 안 가는 것처럼 느껴지지만 많은 일을 겪으며 살아가는 우리들의 삶은 가끔 짜증 나게 어려운 일이긴 하지만 보통은 우리가 겪어도 큰 혼란 없이 무사히 잘 지나가는 보통의 날이다. 여름이 지나고 가을이 오면 가을은 금방 지나간다. 얼마나 빨리 지나갔는지 생각할 겨를 없이 찬바람 불어 겨울이 오면 마음은 급해진다. 한 일은 없는 것 같은데 시간은 빨리 흘러 1년의 마지막 12월이다. 힘든 코로나의 시기를 겪으며 어려운 시절의 아픔도 참고 견디어 왔는데 한꺼번에 쓰러질 것 같은 폭풍의 한가운데서 견디어야 하는 사건들이 쏟아져 왔다.

2021년도에 나오지 않았던 종부세의 추징이 무섭다. 20년도의 특별법에 의한 임대차 3법이 생기면서 그해에는 자동 말소된 임대 등록을 재등록하는 과정에서 들지 않아도 되는 보증 보험을 신규 등록이라 하여 공유 건물이 전체 대출을 받은 통건물이라 보험을 들 수 없다 하여 임대 등록 신고한 것을 아예 올려주지도 않아서 21년도 분을 23년도에 0000여만 원의 추징이었다. 이제 새로운 법이 생기면 철저히 읽어보아서 완전히 이해하고 그 법을 시행할 때 증거를 남겨야겠다.

올해는 종부세의 부과 기준을 높이고 과표 기준을 낮춰 000만 원밖에 안 나온 것을 21년도에는 0000만 원이라니 정부에서 하라고 하여 정부의 시책에 순종하는 일반 백성이 공무원의 자유 재량의 실무로 빚어진 이 결과에 대해 공무원은 책임지지 않는다. 내가 낸 서류에 대해 등록해 주지 않고 폐기해 증거 서류를 없애고 등록 서류 낸 증거나 자료 같은 것이 없어 그 당시 상황을 증명할 수 없어 결국은 부과의 추징을 받아들여야 했다. 부칙 45조 2항에 의해 기관장은 이의를 할 수 없다고 판정을 할 때는 거부해도 된다고 민원 서류에 답이 왔다. 그 부처의 판정은 기관장 마음대로 한단 말인가. 행정법원의 판사가 판결한 것이 아닌 일반 공무원의 판단은 억울한 면이 있다.

이날 이후로 공무원에게 내는 서류는 꼭 영수증을 받던지 사진을 찍어 남겨서 행정 기관이 원하는 대로 했다는 것을 증명해야 한다고 생각하게 되었다. 임대 등록은 세무서와 구청의 주장이 달랐다. 세무서에서는 임대 등록 신고하여 임차인의 동의서와 계약서만 내면 되었는데 대출이 있는 집은 보증보험을 들 수 없어 보증보험 그 서류를 안 냈다고 엄청난 종부세를 내야 하는 법의 헛점은 문재인 정부의 잘못이라 아니할 수 없다. 구청에서는 보증보험 서류를 안냈다고 등록 신고를 안 해 주었던 것이다. 지침서에서는 보증보험을 들지 않으면 과태료를 내게 되어 있었다. 여기에 모든 것은 다 쓸 수 없지만 이런 제도였다면 나는 임대주택을 사서 임대업을 하지 않았을 것이다.

더구나 똑같은 서류에 의해 살던 구에서는 임대 등록 안 해준 것을 22년도 옆 동네로 이사 가서 그 동네에서 신청하여 임대 주택 등록을 했다는 극한의 상황이 발생했다. 왜 전에 살던 구에서는 안 해 주었나. 분명 이것은 따지고 감사해야 할 상황이다. 구청에서 임대차 3법을 시행하기 위한 서류에는 법을 어기면 과태료를 물게 되어 있지만 나도 예전에 행정 공무원으로 3년 넘게 근무한 경험이 있지만 새로운 법의 시행이 이런 변화를 줄 수 있다는 것에 대한 예측은 상상해보지도 않았다. 대출이 많아 부칙 45조 2항에 의해 기관장의 판단에 따라 등록하지 않았다는 구청의 해명은 이유가 되지 않았다. 나는 23년도에 대출한 금액의 반 가까이 대출 금액을 갚았다.

수시로 바뀌는 새로운 법에 의해 주민이 피해를 본다면 이는 잘못된 정책이다. 갭투자라고 하면서 이를 못하게 하려면 법으로 막아야 하고 갑작스러운 법의 변경은 많은 문제점이 발생한다. 갑작스러운 법의 적용은 모든 것을 어지럽게 한다. 세무서의 설명은 구청의 행정과는 다르게 설명했다. 임대업자는 임대법에 따라 신고하여 등록하고 그것은 보증 보험 가입 여부와는 상관없다고 했다. 등록하지 않으면 종부세를 물어야 한다고 했다. 나는 분명 신고를 했지만 구청에서는 서류도 없다고 모른다고 했다. 아파트도 아닌 원룸 주택의 방들이다. 왜 21년도에는 부과를 하지 않고 23년도에 부과하여 같은 조건인데도 다른 구에서 22년도에 임대 등록을 해 주었다. 서울시에서 구청마다 처리가 다르다면 누가 행정을 믿을 수 있단 말인가.

2023년도의 하반기는 기억하고 싶지 않다.

만약 내가 2021년도에 옆에 동네로 이사 가지 않았더라면 그리고 다시 임대 등록을 할 수 없었으면 나는 전세사기자가 되었을 것이다. 시아버지 유산 상속으로 산 집이어서 돈이 모자라 대출과 전세를 끌어안고 산 집이라 임대업자가 되었다. 전세금을 대출해주는 원룸만 전세로 들어오려고 하기 때문에 나도 노후에 편하게 살기 위해 사 두었던 아파트 이사하지 않았다면, 전에 살던 XX구에서 임대등록을 해주지 않아 아마도 전세사기자가 되었을 것이다. 그래서 감사원에 심사 청구 했으나 이의를 제기할 수 있는 기간은 180

일이라고 기각시켜 민원도 받아들여지지 않았다.

임대업자가 준수해야 하는 의무를 써 놓은 책자는 대출률에 있어 보증 보험을 못 들을 경우 과태료를 물게 되어 있었다.

파킨슨병의 최고 난제는 스트레스를 받으면 안 되는 병이라 스트레스에 조심하라고 하는데 스트레스가 최고 정점의 원인이 있으니 마음이 편하질 않다. 좋아하고 늘 의무적으로 노력하려 했던 피아노와 바이올린 연주를 전혀 할 수 없다. 마음이 안정되지 않아 절대 만져지지도 않고 왼손의 떨림과 진통으로 인해 근육의 신경 조절이 되지 않는 상태여서 마음이 가질 않는다. 늘 바라고 있다. 더 악화만 안 된다면 내 마음 편해질 때 다시 하리라.

참고 기다리자. 손가락이 굳어 아무것도 할 수 없게 망가지지만 않는다면 다시 피아노 칠 수 있게 노력하리라. 민원은 받아들여지지 않았다. 날짜가 지났다고 각하되었다. 더 민원을 내고 행정법원에 신청하려던 마음을 접고 추징세 0000만 원을 모두 국세청에 입금했다.

어느 날

청주에 갔다. 크리스마스날은 쉬고 26일에는 기름도 짜고 냉장고에 보관한 김치도 가져와야 한다.

크리스마스날, 아무 일도 없어 부부만이 TV 보며 조용한 시간을 보내는 시간이 아쉬워 만두를 하자고 했다. 집에 있는 재료로 옛날을 그리워하며 둘이 앉아 만두를 빚었다.

26일 날 일찍 일어나 아침 준비를 했다. 우거지 넣고 된장국을 끓이고… 들깨를 가지고 방앗간에 가서 기름을 짰다. 볶지 않고 짠 기름은 아이들에게 나누어 주고 1년 동안 먹을 기름이다.

서울 내 집에 와서 염화칼슘을 뿌려 지저분한 눈길이 닿은 복도 청소를 하는데 허리가 너무 아프다. 청소를 안 할 수 없어 더러운 깔개도 바꾸어 주고 방에 들어오니 온몸이 자꾸만 떨리고 아프다. 억지로 스트레칭 운동을 하며 고통을 줄이려 해도 진정되지 않는다.

오늘은 아침 6시부터 일어나 무언가 일을 했다. 책을 보거나 글은 쓰지 않았다. 그래서 온몸이 흔들린 것은 아닐까? 왼손을 오른손으로 잡아주어야 진정된다. 오늘은 일찍 자자. KBS 2TV 다큐프라임을 보고 바로 잠들자. 이 글을 쓰는 동안에 왼손의 발작은 계속된다.

차를 타고 시골에서 서울로 오는 두세 시간의 차 안에서 세상 밖을 구경하며 졸릴 때는 잠도 자며 서울에 왔는데 피곤한 걸 보니 그것도 노동을 하는 것과 같은가 보다. 이렇게 몸이 지치고 아픈 걸 보니…

뇌를 깨우자

왜 인생을 남처럼 즐겁게 살지 못하고 욕심을 부려가며 "더, 더" 하면서 살았을까. 모든 걸 갑자기 놓고 싶어졌다. 자식, 남편, 손자도 생각하지 말고 남편이 사업하는 청주에서 남편 일을 돕는 것도, 서울에서의 생활도 중단하고 아무 것도 생각하지 않아도 되는 나라, 죽음의 나라로 가고 싶다는 생각이 뇌리를 스친다.

순간 나는 무서워졌다. "죽고 싶다, 죽어버릴까" 하는 마음가짐의 찰나가 왜 생겼을까. 이유를 알 수가 없다. 그리고 생각했다. 옛날부터 내가 하던 일을 떠올리고 그 일을 시작하자고. 머리에서 도파민의 흐름이 좋지 않아 말초 신경까지 뇌의 작용이 전달이 되지 않아 목도 아프고 어깨, 팔도 아프고 자연스럽게 움직이지 못한다고 생각했다.

내가 하고 싶었던 일들을 하자! 형편이 안되어서 포기했던 꿈을 이루기 위해서.

뇌를 깨우자. 나는 옛날에 음악을 하고 싶었다. 일어나면 라디오 클래식 음악을 틀었고 명쾌하게 들리는 음악 소리와 새 소리를 좋아했다. 피아노를 배우고 연습하고 혼자 악보 보고 쳐보고 열심히 했다. 중학교 때부터 나는 나이 들면 집 안에 책을 가득 채우고 시간이 나면 책을 읽고 피아노를 연주하는 삶을 살리라 다짐했었다. 살아오는 동안 노력을 하려고 애썼지만 끈기 있게 하지는 못했다.

집 안에 신경 쓰이는 일이 생기면 그것에 몰두하게 돼서 다른 것을 할 수 없다. 넉넉지 못한 살림살이는 레슨비를 아깝게 만들어 레슨을 이어갈 수 없었다. 하지만 어느 정도 형편이 좋아져서 서울에서는 소리를 조절하는 전자악기 사놓고 청주에는 영창 피아노를 구입해서 별로 크지 않은 작은 방에 두었다. 처녀 시절에 월급을 모아 45만 원 주고 피아노를 사서 오두막집에 가져갔을 때, 창호지 바른 오두막 작은 집 방문으로 피아노가 방으로 들어갈 수 없어 문틀을 빼고 피아노를 방으로 옮긴 후 문틀을 다시 고정했다.

어머니는 동네 청년 몇 명을 불러 피아노를 움직이게 했다. 우리 집보다 더 비싼 피아노였지만 어머니는 크게 야단을 치지 않으시고 묵묵히 내가 하는 일을 지켜보셨다. 평생 가장 큰 잘못은 그 돈을 어머니께 드릴 걸, 피아노 산 것을 후회했다. 어머니에게 필요한 것은 피아노보다 돈일 텐데, 그 돈을 드렸으면 얼마나 좋아하셨을까. 어른이 되어서도 이 점은 후회된다.

수많은 시간들을 피아노 치는 데 허비했고 피아노의 맑은 소리 울림만 들어도 행복했던 시간은 많이 지났다. 몇 년 전부터 나는 글도 안 쓰고 피아노도 안 치고 바이올린도 안 했다. 노력을 해도 완성되지 않는 손가락의 음악은 점점 나를 지치게 했다. 하루에 두 시간 이상 피아노 연습을 해야 피아노곡을 외우고 레슨 선생님의 요구에 맞출 수 있었다. 너무 힘들고 노력의 대가에 비해 결실로 맺어지는 게 없어 중단했다. 돈은 더 쉽게 벌리는 듯했다. 돈을 생각한대로 필요하면 필요한 대로 돈이 따라와 큰 문제없이 집도 짓고 땅도 사고 했다. 돈을 융통해 쓰는 게 애로 사항이 없어 돈을 모으기로 결심했다.

그 순간 나는 꿈도 포기했다. 일을 하다 보니 왼 손가락이 퇴행성 관절염이 와서 손가락도 아프고 손이 굵어졌다. 내가 원하고 추구해오던 삶은 이런 게 아니었다. 돈 버는 것은 남편한테 맡기고 나는 남편이 승낙하는 한계에서 돈을 쓰자고 말해 왔다. 하지만 이제 오랜 습관과 생활 방식을 버리고 새롭게 운동하며 일을 많이 하고 돈을 모으리라 결심했다.

바이올린과의 인연

어렸을 적에 나는 바이올린을 하고 싶었다. 청주는 작은 소도시라 눈에 많이 띄는 악기는 바이올린보다 피아노였다. 나는 그래서 피아노를 배웠다. 남편이 대학을 나와 공무원 시험에 합격하여 서울에 올라와 살았다. 돈이 없어 방을 구할 수 없어 형님 댁 마루에서, 조그만 처남 댁 방에서, 친구 꽃집에서 옮겨 다니며 두 달 출근했다. 남편이 고생했다. 오빠는 조금 더 큰 방을 얻어 이사했다. 봉천동 달동네에 물도 잘 안 나오고 화장실 앞 방이었다. 처음에 엄마가 아들을 데리고 와 계시면서 두 남자 밥 해 주고 나는 친정에서 여동생 밥 해 주고 학교에 다니는 뒷바라지하고 보건소에 출근하다가 사표 내고 서울 올라왔다.

그 시절엔 좋은 집이 그리 많지 않아 돈이 없는 우리는 그렇게 살아야 했다. 보건소에 들어가기도 어려운 직장인데 청주에서 살 수 없어 사표 냈다. 오빠랑 같이 방을 얻어 우리가 큰 방에서 살아 행복했다. 나는 알뜰한 생활을 시작하고 아들 머리도 내가 깎아주고 남편도 깎아주었다. 내가 중학교 다닐 때 옆집 집안 어른이 박사학위를 받기 위해 미국에 가서 공부할 때 국비로 갔기 때문에 교육비와 생활비가 나와도 미국에서 이발하는 값이 매우 비쌌기 때문에 그 오빠 부인 언니는 직접 남편 머리를 깎아주며 절약했다는 말을 유학 끝난 후 내게 말해 준 적이 있어 그런 지혜를 배웠고 그것이 창피하거나 떳떳하지 못하다고 생각한 적이 없었다. 고생할 때 잠깐 참으며 그 기간을 버티면 된다고 생각했기에 이발소 갖다 줄 돈으로 돼지고기를 사서 먹었다.

배우지 않은 아빠는 일찍 결혼하는 바람에 고생했다고 하는데 그게 아니고 돈이 없어서 고생했다. 자존심 상하는 일을 수없이 겪으면서 참아야 하는 생활이었다. 공무원 3년 차, 둘째 딸이 감기인 것 같은데 걸어 다니지 못해 큰 병원을 옮겨 다녀도 원인을 알 수 없었다. 다만 감기 바이러스 균이 소뇌를 침범해서 왔다고 추측하고 퇴원했다. 나는 기도하면서 울었다. 나를 원망하고 사주팔자 아주 센 여자라고 자책했다. 딸은 잘 걷지도 못하고 얼굴색은 노랬고 말은 어설프고 잘 넘어졌다. 그래서 다리에 상처의 흔적이 없는 날이 없었다.

남편은 3년 차에 공무원 사표 내고 해외에 나가 돈을 벌어 와서 안정된 생활을 하고 여유 있는 생활을 해야 딸의 병을 고칠 수 있다고 회사를 옮겼다. 이른 아침에 나가고 밤에 집에 돌아오고 월급은 공무원 때보다 훨씬 많았다. 딸의 건강은 거의 정상으로 돌아왔다. 회사에 잘 다니고 집 안의 살림살이가 좋아졌을 때 나라에 IMF가 왔다. 건설 회사가 제일 먼저 부도나기 시작했고 많은 사람들은 실직하고 돈을 받고 명예 퇴직을 했다. 남편의 회사도 부도났다. 탄탄대로를 걸을 줄 알았는데 회사에 사표를 내야 하는 시간이 왔을 때 사표 내고 다른 회사에 취직했는데 왜 그런지 전에 다니던 회사만 못했다.

그래서 회사를 옮기게 되었다. 마지막 다니던 회사는 일이 없다고 재택근무를 하게 했다. 남편도 나도 자존심이 매우 상했다. IMF 체제라 해도 이런 일이 있으리라고는 상상도 못 했다. 난 그이에게 회사를 사주기로 했다. 매일

기도하고 주문 외듯 그럴 상황이 오리라 믿었다. 대출받고 아버지가 땅을 잡히고 대출해 주시고 동생이 돈을 빌려 주었다. 2000년도에 조그만 회사를 샀다. 남편은 다니던 건설 회사를 퇴직하고 인수한 회사에 가서 실사한다고 하는 걸 "언니네를 믿지 않으면 누구를 믿냐"고 못 가게 했다. 지혜를 짜고 생각하고 돈의 융통은 모든 게 기도하고 머릿속에서는 이 일이 잘 이루어지길 바래서 이루어졌다.

2000년 7월 1일에 ○억을 마련하고 ○억을 이자를 주기로 하고 회사를 인수했다. 돈이 없었던 우리는 너무 힘들었다. 처음엔 오빠랑 반반씩 내기로 했는데 오빠는 그런 돈을 투자하기 싫다고 안 한다고 했다. 온몸에서 진이 빠져 나온 듯했다. 영혼의 눈이 멀어 기뻐할 수 없었다. 7일 후 시어머니 시아버지가 오셨다. 잘하라고 격려도 해 주시고 열심히 해서 빌려준 돈 꼭 갚으라고 말씀하셨다. 아버지는 연세가 많아 힘들어 모임에 나갈 수도 없어 앞으로는 모임에도 못 나갈 것 같다고 하셨다. 병원에서 위암 검사를 받으셨다고 했다. 어쨌든 아버님이 나를 믿고 아끼시는 땅을 저당 잡히고 대출을 해 주셨으니 고맙고 열심히 살리라 다짐했다. 남편은 이튿날 골프를 치러 간다고 나갔다. 이 더운 날 운동을 했으면 옷이 흠뻑 젖어야 했는데 옷이 멀쩡했다. 왜 옷이 깨끗하냐고 물었다.

청주에 내려오기 전에 서울에서도 그랬던 기억이 생각났고 남편을 의심하기 시작했다. 남편은 아니라고 했다. 그리고 다시는 그런 일 없으니 믿으라고 했다. 남편의 행동이 괘씸했고 용서할 수 없었다. 그 돈을 마련하기 위해서 얼마나 고생했는데 회사에 몰두할 생각을 안 하고 이럴 수 있는가 생각하니 눈물이 막 쏟아진다. 나는 서울로 올라오는 내내 눈물을 흘렸다. 종합 건설 회사 낸다고 하는 걸 말리고 운수 회사를 사 준 것이 불만도 있겠지만 그동안 옆에서 보고 온 나로서는 건설 회사보다는 운수 회사가 남편의 적성에 맞을 것이라고 생각했다. 집에 와서도 남편이 원망스러웠다. 이런 남편을 위해 살아가고 있는 것이 바보 같고 원망스럽고 이 현실을 탈피하고 싶었다.

눈물도 그치지 않았다. 설움이 창자를 후벼 파는 그런 아픔이 몰려왔다. 택시 타고 터미널로 오는데 눈물이 그치지 않았다. 난 이 세상을 떠나자. 아이들도 남편도 생각지 말고 나만이 살 수 있는 공간으로 가장 원초적인 삶 속으로 돌아가리라, 내가 태어나기 전 아주 먼 곳의 인연으로 이곳에 정착할 수 있었던 인연을 찾아가기로 생각했다. 나도 내 삶을 갖자. 조용한 산 속에서 글도 쓰며 사색하고 명상할 수 있는, 영혼의 허전함을 채워 줄 수 있는 곳을 상상하니 경주에 가고 싶었다. 남편이 바람났다고 크게 싸워보지도 못하고 현실을 탈피하고픈 간절한 소망은 내 몸을 정화할 수 있는 눈물만 흘리게 했다. 무조건 경주 가는 버스를 탔다. 처음 가보는 고장이다. 집에서 우물 안 개구리처럼 살림만 했던지라 아무것도 모르니 불교가 가장 융성했던 도시에 가고 싶었다. 어떤 여관을 찾아 잠자리에 들었다.

밖에서의 세상살이가 무서워 돌아다니지도 못하고 울면서 잠을 청했다. 얼마나 신경 쓰고 괴로워했는데 남편의 배신이란 있을 수 없는 일이었다. 돈을 빌려 달라고 말하는 것은 치욕이었다. 자존심 상하고 마음이 다 망가지는 느낌이었다. 힘들게 하고 영혼을 아프게 하는 일을 했는데 그이는 딴 생각을 하다니. 공중 전화 다이얼을 돌려서 "어째 그럴 수 있어. 배신을 왜 해! 나도 당신과 살기 싫어" 하면서 또 울었다. 그이는 "어디야. 그래 미안해. 다시는 안 그럴게. 얘기해. 데리러 갈게. 잘못했어" 나는 울면서 말했다. "이제 안 살

거야. 내 맘대로 살 거야" 그이는 "빨리 와. 아버지가 위암이래" 차분하게 슬픔에 싸인 그 목소리를 듣는 순간 가슴이 무너졌다. 그의 잘못은 순식간에 사라지고 애잔한 부모의 마지막 사랑이 느껴졌다.

나는 더 이상 싸울 수 없었고 돌아갈 수밖에 없었다. 이렇게 쉽게 무너지는 고통을 느끼고 나 자신을 자책하며 울고 다녔다니. 나는 모든 게 부족했고 자신감도 없고 남편의 배신에 당당할 수 있는 정신적 지주가 없는 걸 가슴 깊이 느꼈다. 그리고 새로운 희망이 싹텄다. 나도 내일뿐만 아니라 나를 지탱해 주는 그 무언가를 배우리라. 어려서부터 하고 싶었던 바이올린 공부를 하기로 했다. 나를 지켜주고 마음의 속삭임을 끊임없이 지저귈 수 있는, 머리를 찌르는 소리를 들을 수 있는 바이올린 공부를 하리라.

어떤 어려움이 있어도 마음의 공허함을 메꿀 수 있는 나만의 일. 어렸을 때 하고 싶었던 일 중 못 했던 바이올린을 하리라. 그리고 눈물도 사라졌고 남편을 미워하는 맘도, 돈을 구하기 위해 애썼던 그 순간들은 어릴 때의 꿈속으로 사라졌다. 남편의 배신도 싸우지 않고 용서할 수 있었다. 꿈을 이루기 위해 생각하고 결심한 이 순간 위대하다. 절망도 아픔도 용서할 수 있다. 꿈은 모든 아픔을 이길 수 있게 한다.

책

남편이 써놓은 글들을 책을 내지 말라고 한다. 요새 사람들은 책을 읽지 않는다고 뭐 하러 돈 들여 책 내냐며 컴퓨터에 올리고 출판하지 말란다. 그동안 쓴 글, 책 속에 들어가지 못한 글들 읽었다. 감동이었다. 글들 속에 있는 감동이나 느낌, 그리고 생각들이 지금의 내가 겪고 있는 게 아니다. 과거의 나의 흔적들이다. 의미있고 가치있고 재미있었다. 버리기에는 아깝고 내가 훌륭한 사람이 아니라서, 유명한 작가가 아니라서 훗날 나의 글들이 읽혀질지 버리게 될 유산일지 모르지만 내 대에 읽혀지고 사라져 갈 글이라 해도 책을 내기로 했다.

책은 문화의 흔적이다. 무엇 하나 제대로 하지 않은 나의 사명감이다. 비록 많이 공부하지 않아 존경받는 삶이 아니라 해도 내 생활의 일부이니 남기기로 하자. 화양동(제3시집)이란 글을 친구에게 보내니 칭찬해 주었다.

"아이구 아까워, 젊은 청춘에 공부했더라면. 한자리 했을 거야. 고맙다."

떠오르는 해를 보고 속리산 꼭대기 천왕봉에
오랜 시간 신들이 흘렸을 눈물들이 안개 되어 흩어졌다.
계곡의 물이 지나온 길 더듬어 얘기하고 온다.
가까이 살면서도 속으로 그리워하던 숲에 가린 하늘에
바위와 물을 사랑하며

길을 내준 골짜기는 시름이 깊은 내게 왔다.
자유로워진 계곡의 물이 기쁨을 주체할 수 없어
바위 붙잡고 울고 있다.
바위는 소리 내어 울어 주었다.

- 화양동

검은 시름 송두리째 화양동 계곡에 주고
다음에 찾아올 날 기약하는 시원한 물속으로
빠져드는 꿈들이 있다.

친구의 칭찬에 힘입어 글들을 정리하여 제 3집을 냈다.

나이 70세에

매일매일 날씨가 조금씩 변해도 그동안 살아온 날들처럼 겪어왔던, 늘상 기억 속에 있던 날들이라 우린 얼마나 큰 변화가 올지 모르고 살았다. 단지, 우리가 감내할 수 있는 미세한 변화로 생각하고 준비를 하지 않았는데, 지금 생각해 보니 어른들이 젊은 사람들의 사고와 행동을 가끔은 왜 무시했는지 알 수 있는 나이가 된 것이다. 칠순이 넘는 노년의 생각이 능력이 뛰어나서가 아니고 급격한 신체적 변화는 젊은 청년의 열정과 자신감이 예상할 수 없는 세월의 변화를 말해주고 있다.

우린 늘 아들이 아빠보다 능력이 떨어지고 무엇이든 경험이 부족해 못 하는 줄 알았다. 아빠는 70대이고 아들은 40대이다. 항상 어린아이인 줄 알고 아빠는 집안에 힘쓸 일 있어도 직접 일을 했고 될 수 있으면 아들한테 의뢰하지 않았는데. 아들은 부족함이 없는 귀중한 가문의 큰 기둥이 되었음을 알게 되었다. "너희의 청춘은 영원하다고 생각지 마라. 얼마나 세월이 빠른지 모른다. 금방 지나가 버릴 아름다운 청춘을 헛되이 보내지 말고 행복을 만끽할 수 있게 화목하게 살아. 늙어서는 자식은 잘 키웠어야 행복해질 수 있다. 노년의 성공 잣대는 자식에게 있다. 자기 할 일 스스로 할 수 있고 부모한테 손 벌리지 않고 살아가야 노년에 편하다고. 가정일에 신경 쓰라"고 말했듯이 나에게는 큰 변화가 오고 있다. 이 변화를 감당하고 인지하니 가슴 아프다. 우리 늙었음을…

예순 살이었을 때 아빠와 엄마는 늙어가는 노년의 변화를 인식도 못 하고 그동안 살아온 생활의 연속으로 느끼고 사계절이 돌아오듯 같은 생각으로 살아왔는데, 지금에 와서 얼마나 많은 변화가 왔는지 확실히 알게 되었다. 지금 말하고 싶은 것은 "젊을 때 겸손하게 살아라. 열정이 있고 자신감 있어도 신중한 선택을 하라"고 권하고 싶다. 어쩌다 이렇게 이런 날이 왔는지 인생을 즐겼던 추억도 잠깐이고 어려웠던 고비고비마다 그걸 해결하려고 애썼던 기억은 뚜렷이 남아 서글픈 생각이 든다.

70이 넘은 지금 우리의 세계는 지구의 멸망의 길에 서서 지켜보고 있는 느낌이다. 오염된 환경의 변화가 자손에게 어떤 영향을 줄까? 우리가 늙어가고 자꾸만 불행의 사고가 나고 한쪽에서 전쟁이 일어나는 것은 지구의 멸망에 가까워진 건 아닌지, 지구의 멸망을 지켜보고 있는 과정은 견디기 힘든 하루하루 일상이다.

나의 기억은 어디까지일까? 불안하고 남편의 침대에서 낙상과 왜 자다가 스스로 책상 유리를 얼굴로 받아 얼굴에 상처가 나고 피가 무섭게 흘러 119에 전화하지 않고 직접 운전하고 병원에 가서 지혈했는지 그 막연한 행동들이 무섭다. 지금 나에게 세상이 개벽할 변화가 오는데 그대에게 개벽할 세상은 어둠의 세계이다. 환하던 햇살이 조금씩 빛을 잃어가 어두워지고 답답해지는 세상이 오고 있다. 나만 아팠을 때는 "남편이 있으니까, 건강하니까" 하고 안도하고 걱정 안 했는데 이건 나의 잘못된 판단이었다.

남편은 나약하고 말은 안 해도 앞으로 어떻게 변할지 걱정하고 있다. 자신감이 없고 기억력 쇠퇴하고 늘 다니던 길도 새로운 길인 양 운전하는데 늘 가는 길을 걱정하고 있다. 그냥 가도 되는 길을 내비 보고 가려고 준비하는 모습 보면 가슴이 무너진다.

70이 넘으면 오는 세상은 그동안 우리가 살아온 세상이 아니다. 그리고 그 세상은 누구에게나 오고 세월은 빠르다. 얼마나 빠른지 고사 성어에 나오는 말들처럼 빠르다는 걸 인지 못하고 헛된 꿈꾸며 그동안 살아왔던 건 아닐지 후회도 해 본다. 70이 넘어서 급격히 오는 신체의 변화는 모든 능력을 감소하게 하고 사물을 인지하는 지혜를 감소시켜 매사에 자신감이 떨어지고 두렵게 한다.

이렇게 우리는 변하고 약해지고 늙어감에 따라 앞으로 이 세상을 헤쳐나갈 아들의 능력은 뛰어나게 빛을 발하고 있다. 지혜와 삶의 경험이 이들을 집안의 기둥으로 키워 주었다. 강한 힘과 재치있는 삶의 경험은 노인이 된 우리보다 훨씬 능력이 뛰어나다. 어느새 늙은이의 짐을 짊어지고 갈 중년이 된 아들을 보면서 감탄을 한다. 젊은이의 의견을 존중하고 상의해야 하고 믿고 의지해도 되는 재주와 능력이 번쩍이는 아들을 보며 욕심도 내려놓고 흐르는 물처럼 살아야 할 앞날을 생각해 본다.

화가의 봉사

미술을 전공하여 전문가가 된 선생님이 사회에 봉사를 하자고 자진해서 그림을 꼭 배우고 싶어 하는 어린이에게 그림 지도하여 그림을 완성하여 전시회 한다고 초대해 주셨다. 재능 기부도 고마운데 갤러리를 빌려서 전시회를 열어 행사를 하는 야무진 나이 어린 선생님이다. 우리 눈에 아이로 보이는데 실제는 우리나라의 중요한 젊은이로써 중추 역할을 하는 나이다. 일생에 있어 황금기인 가장 활동이 왕성한 오십에 접어든 그 시절에 훌륭한 일을 벌여 선생님의 어머니도 딸의 행사에 적극 참여하여 돕고 있다. 신부님이나 훌륭한 무용가도 오시고 바이올린, 첼로 앙상블 재능기부로 멋있는 곡을 연주해 주셨다. 아이들과 젊은 분들도 많이 참여하여 행사장 가득 채웠다.

한국을 이끌어 갈 젊은이들이었다. 바이올리니스트 연주하는 모습 보고 싶은데 온몸에 진땀이 나고 숨쉬기가 거칠어져 몸이 기울어 넘어질 듯하여 현관으로 나와 의자에 앉았다. 답답하고 참을성 없는 온몸이 행사를 지루하게 했다. 벽에 걸린 그림도 천천히 구경해야 하고 주관한 선생님 격려와 인사도 해야 하는데 일부 행사 끝나자마자 떠나와야 했다. 전철역까지 한참 걸어와야 했다.

사람들이 많이 모이고 공기가 잘 순환되지 않는 공간에서의 행사에 참여하지 못하는 내가 부끄러웠다.

새봄 맞이하는 새싹

겨울 내내 밖에 나가기 두려워 집 안에서 맴돌던 모든 행동이 굼떠 집 안에서 하루하루 머물며 살아가던 어느 날.

이제 곧 춘분? 햇빛은 하루하루 변한다. 유난히 새벽 공기가 습한 매연에 찌들어 있어 나쁜 공기와 추위는 밤새 정화된 자연의 공기 상쾌함을 멀리해야 했고 어두운 침묵의 빛은 제자리에서 꿈틀거려 잠자리를 무겁게 했다.

동네에서 날아다니던 까치와 까마귀는 살기 좋은 곳으로 떠나 까치 소리도 들리지 않았는데, 아침 해가 뿌연 하늘 밀어내고 나오는 날 지붕 위에서 나를 쳐다보고 있는 까치는 아픈 몸을 움직이라고 말해 주고 싶어 한다.

오랜만에 마루에 비친 햇빛. 작은 먼지와 삶의 냄새가 퍼지는 환한 아침! 눈에 보이는 나뭇가지의 새눈은 꿈을 선사하기 위해 부풀어 있다. 곧 새싹이 나오는 새봄날에 해 뜨기 전에 잠자리 털고 일어나 희망찬 아침을 맞으라 한다.

새봄철이 찾아오듯 병을 앓고 있는 노쇠한 노인에게도 내일을 맞이할 수 있는 힘과 사랑이 찾아오고 있다. 계절이 바뀌면서 자연이 변하듯, 우리 몸도 새봄 맞아 자연의 물오름을 느껴진다.

아름답고 활기찬 눈으로 새봄을 맞이하자. 격려해 주고 있는 주변의 생물들에게 감사하며 내게 맡겨진 임무를 살기 좋은 세상을 위해 바치자. 꽃과 잎새가 피어날 나뭇가지의 새싹눈이 아름다운 것처럼 준비하는 마음이 있다면 내일을 맞이하는 기운이 가슴에 타오르리라.

고향에서 정원을 가꾸는 박 선생에게

어릴 때 뛰어다니던 산봉우리 부모산 끝자락 강촌에서 남쪽을 보고 있으면 오른쪽 높은 봉우리 지질봉, 눈 감고도 찾아갈 수 있을 것 같은 고향 언덕.

봄이면 새싹이 나고 옹달샘에서 물이 졸졸 흘러나오고 산바람이 유혹하는 계절이 꽃 피고 지고 예쁜 잎사귀들이 솟아오를 때 산바람 쐬고 싶어 산나물 뜯으러 두 번 정도 지질봉에 올라갔다. 놀기 좋아하는 친구 너덧 명이서 바구니 끼고 그 산에는 도라지, 잔대, 멱취, 이름 모를 산나물이 많았다.

보라색 붓꽃도 보고 배고프면, 잔대와 도라지 껍질 벗겨 먹고, 놀고 얘기하고 웃고. 정말 행복이 쏟아졌다. 지질봉 정점에 오르면 우린 돌아온다. 꼭대기 지나 서쪽(강내)을 가 볼 생각도, 보고 싶어 하지도 않으며, 우리 동네가 보이는 곳까지만 오르고 나물이 적건 많건 돌아왔다. 나물이 중요한 게 아니고 봄맞이하고 마지막 겨울을 보내는 봄들의 속삭임 듣고 싶어서이다.

지질봉 끝자락 고속도로가 잘라 놓은 지점에 작은 학교에서 같이 공부하던 박 씨 성을 가진 친구가 그곳에 있다. 교장으로 정년을 마친 친구는 꽃을 정성껏 가꾸며 세월을 살아가고 있다. 3년 동안 같은 반에서 같은 곳을 향하여 공부하던 그 친구는 어린 시절부터 가꾸어 왔던 꿈을 실천하고 있는 분이다. 내가 뛰어놀던 고향 동네에 초등 여자 친구가 요새 잠깐 머물고 있고, 내 마음 밝히는 남자 친구가 꽃을 가꾸며 살고 있었다. 서로 만나 인사한 적은 없으나 나의 친구이다. 꽃이 좋고 자연을 사랑해서 소득이 나지 않아도 단지 마음을 가꾸어 주는 꽃과 나무의 성장을 보기 위해 정성을 다하는 친구, 교육계에서 교장으로 정년을 마치고 그곳에 살고 있다. 두 사람이 산책하다가 만나면 인사하라고 소개했다. 교장으로 퇴직한 친구 두 명이 그곳에 살고 있어 그런지 막연히 그곳이 그립다. 나의 부모님이 누워 계신 곳 고향이긴 해도 친구가 산다는 현실은 마음은 그곳에 가 있고 늘 그립다.

우리 집에도 좋은 시절이 찾아왔다. 어둡고 춥고 햇빛이 숨었던, 흐리고 매연이 끼었던, 겨울이 지나고 봄 기운이 스미면, 햇빛이 일찍 찾아와 하루 종일 놀다가고 방 안에서도 새 잎들이 날개를 펴는 모습을 볼 수 있는 행복한 날들이 시작되고 있다. 어제까지 유난히 떨리고 자제하기 어려웠던 신경의 발작은 오늘은 떨쳐보려 애쓰고, 운전 연수 다시 받는다고 면허 갱신하고 앞날을 준비했지만 새 꿈꾸던 지난겨울밤의 작은 소망은 이미 사라진 것은 아닌지 야속하기만 하다.

오랜 옛날, 청춘에 청주에서 만나면 아름다운 데이트는 못하고 왜 시장 볼, 용건이 있는 일만 보러 다녔는지. 시골 낭성면에 있는 근무지에 찾아왔을 때도 짜장면 한 그릇 나눠 먹고 혼자서 청주에 돌아가게 했으니 그 먼 곳에 시간 낭비하러 온 것은 아니었는데 우린 말 한마디 못하고 헤어졌다. 마음속으로 '저런 남자와 결혼해도 괜찮은데' 하고 느낀 이유로는 자상하고 친절하니까 이런 생각을 했지만 우리는 더 이상의 대화는 나눠보지 못했다.

그리고 오랜 세월 뒤에 만나 그냥 서먹서먹한 얘기만 하고 헤어지고 지금 나의 고향에서 오직 꽃도 귀한 것만 키우고 외국에서 들어온 신비하고 새로운 꽃을 가꾸는 친구를 생각하면 예전에 맡지 못했던 새 향기가 코끝에 스친다.

친구처럼 이상을 실천하는 욕심 없이 사는 옛날 선비님을 보는 듯 그런 삶이 부럽고 나도 잠시만이라도 그렇게 살아보고 싶다.

엄마 생각

정확히 생각나지 않아도 어렴풋이 생각나는 어린 시절, 학예회 때 노래 부르기 위해 엄마가 만들어 주신 까까옷 한복, 빨강 치마 노랑 저고리.

막내 동생 임신하고 아버지는 서울대병원에서 수술 받으시고 집에서 간호할 때, 그 한복을 만드시기 위해 옷감을 짜고 염색하여 학예회가 2월에 열려 춥다고 어머니는 저고리에 솜을 얇게 펴서 인두로 꾹꾹 눌러 만드셨다. 집안에 아빠가 아프셔서 어지러운 것이 당연할 텐데 엄마는 한복을 만들어 내게 입혀주던 모습이 기억난다.

엄마는 가끔 나에게 미운 딸이라고 하셨다. 눈이 화등잔만 하다고. "어떻게 하면 눈이 작아질까?" 나는 그래서 눈이 작은 사람을 부러워했다. 옛날에 미인은 춘향이처럼 눈이 세꼬시처럼 날렵하고 눈동자만 살짝 보이는 눈이었다. 나처럼 쌍꺼풀에 흰자가 보이는 커다란 눈을 가진 애는 밉다고 했다.

미운 딸에게 옷을 입혀주며 우리 엄마는 무슨 생각을 하셨을까?

엄마는 집안에서 노래하면 화냥년이라고 못하게 하였다. 나는 노래하고 싶은데 어머니가 평생 동안 노래 하시는 것을 본 적이 없다.

나는 학교 다닐 때에 노래를 잘 한다고 칭찬 받았는데 결혼하고 나서도 나는 입을 닫아버린 새처럼 노래를 멈췄다. 서울에서 잠 자고 먹고 사는 것에 신경이 쓰여 노래를 잊어버렸다. 매일매일 잘 살기 위하여 무엇을 할까 생각했으니 노래라는 것을 잊어버리고 살아왔다. 파킨슨병으로 이제 말도 잘 못하는, 노래도 못하는 나를 엄마는 좋아하실까?

길고 긴 무더위 속에서

46일간의 열대야가 끝난 오늘 새벽.
을사년 올해 여름 내내 냉기 나오는 에어컨을 켜고
살아야 했던 여름밤이었다.

강한 햇볕을 방패로 무장한 무더운 여름날 한밤중에
가슴속 열어준 시원한 바람 불면
사람들은 야외에서 깔개 깔고 여름밤을 즐긴다.

한여름 밤의 꿈과 낭만이 가득하여 이야기꽃을 피우고
총총한 하늘의 별들 세며 새벽 이슬 내릴 때까지
놀던 날 젊은 시절 그리워 힘겨운 나날 새 문명의 이기에
의지하여 버티면 옛날 같은 시원한 바람 부는 날,
자연의 바람 부는 날, 안도의 한숨 쉬며 노래 부른다.

닫혔던 문 활짝 열고 가슴도 활짝 열고 세상 풍파 찌든
거친 소리 들려와도 자연에서 불어온 산 위의 나뭇잎새가
부딪혀 일어난 속삭임이라면 나는 널 사랑하리라.
자식을 많이 낳은 어머니가 아침마다 아이를 깨우며 수없이
잔소리하던 그 옛날 일이 그리워진다.

아이가 어른이 되기 위해 어머니는 수없이 자장가 불러주며
곧은 사람 되라 수없이 되뇌었던 어머니들 사랑이
문을 활짝 열어놓고 자연의 바람 맞이하는 순간에,
조용한 새벽의 아침에, 어머니의 사랑 노래가 사라져 슬프다.

선풍기 돌아가는 소리, 에어컨 소리 들리지 않는데
"잘 되어라" 노래하는 어머니의 노래는 없다.

관악산 자락에 맑은 공기 그리워 모여드는 사람 곁에
새 생명이 꿈틀대는 아기가 없다.

젊은 사람들은 있으나 짝은 없고 혼자 살아가는 사람이
대부분이다.

2025년 9월 무더운 여름에

인연

사람들이 서로서로 인사하고 알고 지낸다는 것은 우연히 일어나는 것 같지만 지나고 보면 그냥 만나지는 것이 아니라는 생각이 든다. 먼 옛날부터 알고 지내왔던 인연으로 각자 자기 구역에서 살아왔지만 어느 날 갑자기 서로 알게 되어 친밀하게 우정이 쌓여진다. 어렸을 때 지연이나 학연으로 맺어진 우정이 아니고 사회에서 활동하다 알게 되는 인연에 대해서 늘 생각하게 된다.

태국 치앙마이에서 사회 생활을 훌륭하게 마감하고 한가한 여행 즐기는 그분들은 남편 친구의 친구이며 사모님은 남편과 같은 해 같은 대학을 졸업한 동기생인 분이다. 가까운 듯하면서도 먼 곳에서 직업도 다르게 살아왔는데 우연히 만나 벌써 겨울 한철에 만나 두 번째 겨울에 함께 즐기고 건강을 걱정하는 좋은 이웃이 되어 있다. 가까이 청주라는 지역에 살고 있어서 마음만 먹으면 금방 만날 수 있을 지근거리에 살고 있는데 청주에서 못 만나고 있다. 못 만나는 이유를 지금 여기에서 고백할 수도 없고 내년 1월이 지나 말을 해도 될 때가 되면 말하고 싶다. 더 가까이 가서 곰살맞게 할 수도 있는데 그걸 못하는 이유는 핑계이기도 하지만 말 못 할 사연이 있다.

속으로 끙끙 앓고 있는 사연이 세상 밖으로 날아갈 날이 올 때 그날 속 시원히 말하고 밝히고 싶다. 그분들이 이해를 못 해 주겠지만 훗날 말 못 할 사연을 알고 나면 이해하리라 믿는다.

우리가 그분 내외분을 만난 것은 결혼의 연분보다 더 소중하고 값지다. 파킨슨병에 대해 나보다 더 소상히 알고 계셔서 하나의 정보라도 더 주려고 하시는 걸 보면 그분들 마음이 더 순수하고 애틋한 사랑이 많으리라는 걸 느낀다. 지인이 나 같은 병을 앓으셔서 그 병에 대한 해박한 지식을 내게 조곤조곤 얘기해 주실 때, 그래도 지금은 좋은 약들이 많이 나와서 내가 이만큼 활동하고 여행하고 골프 여행도 하고 있음을 감사히 여긴다.

삶의 키

세상을 작은 구멍으로 볼 때 어두운 곳에서 신기루처럼 밖의 세상은 선명한 색으로 빛나는 환한 세상이 된다. 좁은 실내에 갇혀 바깥 세상의 빛이 보이는 놀라움의 연속은, 자유로움이 어떤 곳에서 보았든 평화로운 세상의 구김이 없는 자연의 아름다움보다 작은 구멍으로 보이는 자연은 여러 가지 빛깔로 표현할 수 없는 새로운 현상이다.

외부의 자연이 바람과 햇빛이 비치는 대로 내 눈으로 보았을 뿐인데 보는 위치와 공간에 따라 다르게 보이는 외부의 자연은 신기할 만큼 다르게 보인다. 속박당하지 않는 자유로움은 늘 그 자리에서 유별나게 주장하거나 하고 싶은 일이 떠오르지 않지만, 답답한 좁은 공간에서 세상 바라보는 주인의 맘에는 불안이나 초조함 등 모든 것을 삭혀내고픈 작은 소망은 세상 밖을 그리워하게 한다.

우리가 바라보는 시점에 의해 세상이 바뀔 수 있는, 내가 바라봄으로써 생기는 일이라면, 나로 인해 세상이 평가되고 있는 것이라면 아름다운 세상에서 살아가고 있는 것이다. 내가 조종하고 키를 내가 원하는 방향으로 돌리면 행복해질 수 있는 삶이, 내 몸속에서 일어났다면 이제 더 이상 재촉하며 요구하지 말자.

작은 구멍의 빛이 주는 환희와 희망을 본 그 순간처럼 작은 구멍으로도 비

취지는 세상을 보고 살자. 환한 아름다운 자연의 빛깔처럼 짜릿하게 느껴지는 세월의 위대함을 인정하면서, 삶의 키는 소소한 작은 곳에서 시작함을 마음에 새기자.

2부
아픔 속에서

파킨슨 환자가 가고 싶은 진실의 문

매일 흐리고 마음마저 어두워 우울했던 이른 봄날 아침에, 오늘은 화사한 봄볕이 온 동네 비추고 있어 꽃들은 아름답게 피어나고 있다. 앞집에 한쪽 팔로 피어있는 목련꽃도 어제저녁부터 봉오리 터트려 부드러운 속살 도도히 내보이며 머리 들고 인사한다.

언덕에는 매화가 활짝 피어있고, 서울의 봄꽃들은 따뜻한 날씨가 되어야 꽃을 피워 한꺼번에 꽃잔치 연다. 관악산 자락의 꽃 중의 왕벚꽃도 곧 피어나려고 열심히 양분 있는 땅의 기운 얻어와 더 충실히 꽃의 신비로움 알리려 꿈틀대고 잊혀 가는 세월의 각자 나름대로의 삶이 기둥이 되어 실패 없는 시간의 흐름이 되기 위해 봄의 에너지 꽃 피워낸다.

이렇게 서로 평화로운 동산에 어우러져 생을 마감하고 싶은 파킨슨 환자 마음은 파킨슨씨 병도 다른 질병처럼 아프면 수술하여 고치기도 하고 약을 먹으면 나을 수 있는 병이 되기를 기대해본다. 암은 초기에 발견하면 완치율이 매우 높은 병처럼 내가 앓고 있는 파킨슨씨 병도 치료가 되고 수술할 수 있는 병이면 얼마나 좋을까?

밤새 잠을 못 자고 뒤척이다가 가끔은 밤새 잠을 잘 자고 일어났어도 더 자고 싶은 욕망이 눈꺼풀을 풀지 못하는 날, 잠자리에 누워 흔들리는 팔의 근육을 한 손으로 꽉 잡고서 진정되기를 기다린다. 어려서부터 원하고 기다리고 싶은 욕망이 본능의 욕구를 털어버린 알 수 없는 마지막 지점의 소원은 먼 곳에 있었다.

눈 감으면 가물가물 보이는 아지랑이처럼 내가 가고 있는 길 위에 피어나고 있는 꿈을 보기 위한 진실의 문이 닫혀 있었다. 진실의 문이 열리기 전 그곳에 갈 수 있을지 걱정이다. 한쪽으로 병이 온 나는 왼손이 차갑고 기운이 쫙 빠지고 통증이 밀려오는 파킨슨병의 증세는 때로는 머리까지 그 진통이 몰려올 때 아무것도 생각할 수 없어 모든 것을 덮어야 하고 더 이상 일할 수 없다.

때로는 다리에 힘이 빠져 두 발이 엉키면 늙고 병든 몸뚱이가 넘어질 때 무서움이 밀려와 "더 조심할게" 하고 되뇌인다. 이제 증상이 더 심해지는 것은 아닐까. 걷지 못해 나들이도 못 하고 집 안에서 활동도 못 하고 동상처럼 멈추어 서있는 것은 아닐까?

내게는 아직 할 일이 많은데 마무리하지 못한 일이 많은데, 평생 죽을 때까지 일하다가 죽으리라 하고 다짐했던 소망이 이루어지길 바란다. 꽃 피고 봄볕이 기분 좋게 온몸을 자극하는 봄날에 어릴 때부터 운명을 점쳐 왔던 대로 내게 맡겨진 일 하다가 죽으리라. 진실의 문은 그 순간에 있다고 생각해 본다.

온전한 청춘의 피 끓던 정신으로 살고 싶어도 돌아올 수 없는 진실의 문. 그 문 속에 숨겨져 있던 지난날, 후회되고 이루고 싶었던 꿈들은 구겨지고 찌그러져 닫혀있는 문 속이라 바라볼 수 없어 아름다운 꽃으로 피웠어도 깨달지 못하고 지내다가 파킨슨병에 걸린 후 꿈을 이루기 위해 노력하여 진실의 문턱에서 깨닫는다.

매일매일 진실의 문을 열어야 한다고 마음속으로 소리친다. 활짝 열어 진실하게, 몸은 망가졌어도 세상 마무리하는 그 순간까지 치매에 걸리지 않고 죽는 순간까지.

잘 버티어낸다면 그것… 잘 버티어낸다면 그것이 진실의 문이라고 깨닫는 것이라고… 파킨슨 환자는 진실의 문 열고 저 세상 가는 그 길에, 정신줄을 놓아서는 안 된다.

진실의 문에 들어서기 위한 온전한 정신, 죽음을 마무리 하는 순간까지 태어날 때 지고 온 운명 속에 맡겨진 그 임무를 다하기 위해 노력하는 것, 그래서 잠시라도 정신줄을 놓아서는 안 된다. 이런 노력과 살고자 하는 자세가 "진실의 문"이라고 부르고 싶다.

나의 앞날이 보이는

은행에서 표를 뽑고 순번을 기다리는데 부부가 들어왔다. 아주머니 말쑥한 차림에 더 젊어 보이고 아저씨는 걸음도 간신히 걷고 한발짝 한발짝 떨면서 폭을 좁게 띄는 분은 분명 파킨슨환자다. 고개가 저절로 외면해 진다.

나의 앞날을 보고 있는 것 같은 공포의 한 장면이다. 나는 글을 쓸 때 평생 습관으로 엎드려 쓴다. 글을 쓰고 있는 동안의 상상 속엔 요정의 항아리들이 여러 개 있다. 기쁨, 아픔, 사랑, 이별의 항아리 들이 춤을 추며 서로 멋있다고 뽐내면서 뽑히기를 바란다.

온 정신과 마음이 요정의 항아리 속에서 헤매고 있을 때, 나는 아무 것도 모른다. 아픈지 떨고 있는지, 오직 내가 하고 싶고, 보고 싶고, 생각하고 싶은 것만 바라보니까 글을 다 쓰고 몸을 일으킬 때 아프다. 온 몸이 아파 순환이 되도록 두드려 준다. 사랑의 속삭임으로, 부드러운 손길로…

쌀쌀한 바람이 옷깃에 스치면 따뜻한 온돌방에 누워 있어도 등짝에 찬바람이 일어 한겨울 걱정하고 있다.

평안한 날, 거짓말처럼 신경의 흐름이 원만하여 완쾌한 것처럼 살아가다가도 갑자기 밀려오는 혼돈의 세상이 오면 제발 어서 지나가기를!

파킨슨 환자의 세계는 하루살이 곤충과 같은 일상을 지낸다. 아름다운 꽃이 피는 봄이 지나가듯이 아름다운 꿈이 몰려왔다가 캄캄한 어둠이 다가올 때 폭풍우 밀려오듯이 앞날이 아득한 공포의 세상 속으로 빠져들면 온몸에 기운이 다 빠져 누워버리고 싶다.

마음의 중심이 어디에 있는지 불안 속에서 어떤 일도 할 수가 없다.

머릿속 환상의 세계는 목적 없이 넓은 들판을 말 타고 달리고 싶다. 잠깐 환한 상상의 세상에서 허우적거리다 현실을 깨닫고 몸에 자극을 주면 그때서야 서서히 생각할 여유를 주는 나의 운명!

운명의 신은 누구인지, 이 몸을 주관하고 순간의 몸에 아픔을 가져다주고 또 웃게 할 수 있는 그 원인은 머릿속에 있는 뇌세포의 작용인지 알려고 천천히 지난 날을 회상해 봐도 알 수 없는 운명이다.

이 병을 치유할 수 있는 약이 나올 수 있다면 그날이 기다려진다. 증상 완화하는 약이 있어 이만큼 살아가는 것도 감사하지만 세상을 기쁨으로 날아갈 수 있는 그날이 어서 오기를…

새로운 꿈

2025년이 시작된 지 얼마 안 된 것 같은데 일 년의 3분의 1이 지났으니 얼마나 빠른 세월인가!

어렸을 적, 중학교 졸업하고 고등학교 시험 안 보고 병원에 가서 일하고 학교가 너무 가고 싶어 집에 와서 있을 때 나는 문득 꿈을 가졌다. 이상이라고 하기에는 아주 보잘것없는 꿈이었다. 이룰 수 없는 나의 꿈은 훗날 소설가는 못 되더라도 한 편만이라도 소설을 쓰는 막연한 꿈을 꾸고 있었다.

내가 정식 공무원이 되어 보건소에 근무할 때, 나는 동서출판사에서 펴낸 세계 문학 전집을 사서 그 두꺼운 책을 매일 하나하나 읽었다. 18세 때에는 한국 문학 전집과 일본 문학 전집을 사서 읽었고, 어디에서나 읽을거리 책이 있으면 식사 시간도 잊어버리고 책을 읽었다. 시간과 공간의 제약을 받지 않고 아무 때나 읽고 싶은 때 읽을 수 있으니 자세히 읽으면 재미있다. 테스도 재미있어 또 읽고, 죄와 벌도 또 읽어보고, 바람과 함께 사라지다를 읽으며 미첼 여사를 사랑하게 되었다. 평생 한 권의 책을 썼는데 그렇게 훌륭한 책을 쓰다니… 나도 미첼 여사처럼 쓸 수 있다면 나는 훗날 내 생활이 안정되면 그들처럼 훌륭한 글이 아니더라도 조촐한 글이라도 소설을 쓰고 싶었다. 그리고 그 꿈을 간직했다. 그것은 스물다섯 살이 되기 전의 작은 소망이었고, 또 나는 피아노에 꽂혀서 시간 있으면 피아노를 치려고 노력했지만 그것도 마음대로 되지 않았다.

젊을 때 산 세계 문학 전집은 세로 글씨인데다 작은 글씨여서 젊을 때는 눈도 잘 보이고 에너지도 충분해서 그 책을 읽는 데 지장이 없었으나, 지금 보관된 그 책을 읽어보려고 내내 펼쳐 보았지만 그만 중지하게 된다. 지금은 눈이 나빠 글씨도 잘 안 보여 집중도 안 되고 글도 읽을 수 없다.

내가 2014년에 파킨슨병임을 알고 새로운 삶의 목표를 정해야 했다. 왼쪽 다리와 팔의 흔들림, 또 정신의 울렁거림, 수시로 찾아오는 골반과 다리의 통증으로 인해 나는 잘할 수 있는 게 없다. 지금 10년이 지난 후에는 말을 할 때 발음이 정확치 않아 남편은 다시 말하라고 재촉한다. 이제 내가 할 수 있는 일들이 없다. 70이 넘었으니 그것도 당연하다.

나는 어려서 책 읽고 조금씩 생각나는 대로 시를 썼으나 작품다운 글이 아니라고 모두 버렸다. 40세가 넘어서 써놓은 노트를 버리지 않아 노트가 쌓여갔다. 동생이 대장암으로 사망하고 어머니가 교통사고로 사망하신 이후 나는 글을 쓰지 않기로 다짐하고 열심히 일해서 돈을 모으기로 했다. 그리고 돈 버는 일에 열중했으나, 64세가 되던 해 몸이 이상해 병원에서 진찰을 하니 파킨슨병에 걸렸다고 진단이 나왔다.

그 병은 치료가 어려운 병이라 충격적이었고, 그 순간 울었고 죽고 싶은 심정이 들었다. 어려움을 이겨낼 수 없어 나는 잠이 안 오면 책을 보고 글을 쓰는 일이 제일 하기 쉬운 일이라는 걸 알게 되었다. 그래서 시를 썼다 생각하고 책을 보고 상상하고 자연 속에 파묻히며 느껴져 오는 감각적인 느낌이 머릿속에 떠올랐다.

시들을 정리하고 또다시 쓰고 시집을 네 권을 내고 수필 1집을 출판하고 나는 소설을 쓰기로 했다. 시는 사계절의 변화와 마음의 풍요 등 내가 느낄 수 있는 세상사 아픔과 사랑을 노래하다 보니 자주 쓰면 같은 글을 쓸 수 있다는 생각을 했다. 비슷한 글을 쓰고 싶지 않아 시는 중단하기로 하고 소설을 쓰기로 했다.

나이 70이 넘어 어린 시절에 꼭 쓰고 싶었던 소설을 다시 쓰겠다고 하는 것은 쉬운 일이 아닌 것을 안다. 그리고 몸에 병이 나 모든 게 어설프고 힘든 나이이다. 그렇다고 해서 어렵고 작품이 되지 않는다고 미루는 것은 비겁하다는 생각이 든다.

소설을 못 쓰던 그 소설의 절정도 지나고 이제 결말에 들어설 무렵 나의 어깨와 목 주변은 지금 신경의 흐름이 이상하게 변해가고 나의 심장을 괴롭게 한다. 신경의 흐름이 원활하지 않는 것은 소설을 쓴다고 짧은 시간 동안 무리하게 집중했기 때문인 것 같다.

남편은 소설 쓴다고 건강 망친다고 난리지만, 나는 상상 속에서 글을 쓰고 머릿속에서 내가 그리는 대로 주인공으로 만들어 가는 과정이 너무 즐거웠지만, 글도 쓰면서 한 곳에 집중하다 보니 눈도 나빠진다. 시보다 소설이 어렵구나. 계획도 없이 순간 펜을 잡고 석 달 만에 완성하려고 하니 부작용이 심하다.

이제 결말을 지어내면 되는데 어떻게 쓸까 생각하며 머릿속을 비워 놓는다. 생각이 날 때까지 쓰지 말자고 쳐다보지 않는다.

처음으로 써본 나의 소설에서 주인공은 이렇게 말한다.

"여자의 순결에 대해서 목숨을 걸었던 어머니의 교육은 내 인생을 바꾸고 나를 행복하게 하지는 않아. 순결은 여자의 몸속에 숨겨진 보물이야. 보물은 쉽게 노출 되지도 않고 함부로 남에게 줄 수도 없어. 그러나 세상의 변화는 실체가 없는 허구야. 언제 어디서나 감각으로 느끼고 성적으로 느낄 수 있는 육체적 사랑으로 행복해지고 인생을 즐겁게 생활 할 수 있다면 순결은 양심으로 느껴지는 지성의 기반위에 다듬어진 도덕성이야. 보편적이고 행복해질 수 있는 남녀 간의 사랑이 순결이라면 대단한 가치가 아니었던 것인데 조선시대 양반네들인 남자들이 여자를 붙들어두기 위해 만들어 놓은 허구야. 순결은 실체가 없고 여성이 혼전에 지녀야 할 정신적인 멍에인 것이다. 정신적 사랑이 발현되어 참을 수 없는 열정적인 육체적 사랑으로 이어질 때 이것이 순결인 것이다. 마음에 없는 육체적 사랑은 성스러운 사랑이 아니다. 운명적 사랑은 복잡해지는 현대에서 절제되고 존경할 수 있는 사랑을 하여야 한다. 가슴에 상처 주는 사랑은 순결한 사랑이 아니다. 가슴속에 숨겨진 보물을 필요할 때 꺼내어 쓰는 것의 그 기준은 각자의 느낌에서 오고 있다."

소설의 마지막 부분을 이렇게 쓰고 싶었다.

파킨슨병 진단 나오는 날

관악산 공기가 상쾌하여 산에 오르면 자꾸 왼손이 거북함을 느꼈다. 저리고 떨리고 차가웠다.

아빠 동창들 모임에서 부부 동반 황산 여행을 하던 중에 동인당 한의원에 들리는 코스가 있었는데, 엄지손 흔들리는 것을 보고 의사가 심장이 안 좋아서 그렇다고 사향을 먹으라고 권하기도 했다. 어느 날 밤 잠을 자려고 하는데 불안하고 초조하고 머리가 내 머리 아닌 양 미쳐있는 것 같았다. 가슴도 아프고 잠도 잘 수 없고, 이명은 머릿속에 쇳소리를 듣게 했다. 마음이 안정되지 않고 불안한 마음에 제대로 숨을 쉴 수가 없었다.

그 이튿날 아들 내외가 와서 밥을 좀 해주려는데 긴장과 초조함이 몰려왔다. 온몸이 조여 오는 아픔도 있었다. 창문을 열고 음식 하니 증상이 조금 완화됐다. 동네 병원으로 다녔는데 진단이 나오지 않아 병원에서 지어준 약은 먹으면 더욱 이상했다. 직감적으로 예사 병이 아닐 것 같았다. 병원에 가서 모든 검사를 끝내고 나는 파킨슨병이라는 걸 알았다.

정말 죽고 싶은 마음이 들었다. 그 병에 걸려 걷지도 못하고 고생을 하여야 할 것을 생각하니 눈앞이 캄캄하고, 딸이 병원에 함께 오겠다고 하는 걸 싫다고 했다. 남편은 회사일도 있고 월요일에 서울에 왔다 갔는데 또 오는 게 귀찮은 생각이 들어 오지 않았다. 거의 확실시한 병명과 증상으로 인해 정확한 진단이 중요치 않았다.

혼자 병원에 들어와서 신경외과를 찾는데 한참 헤매고 안내에 물어서 찾아갔다. 걸음 걸을 때마다 왼쪽 다리가 아파 균형을 잡기 힘들어 똑바로 걸으려고 애썼다. 울컥 설움이 복받쳐 온다. 자식보다 남편이 미웠다. 혼자 오게 하다니… 자꾸만 눈물이 나온다. 갑작스럽게 심한 증상이 나타나 나의 마비가 걱정되었다.

벌여놓은 일들! 세계를 한 바퀴 돌고 여행하고 싶은 꿈… 아직도 가슴에 남아있다. 하고 싶은 일들이 있었는데 그것들을 하지 못한다 생각하니 소리 내어 울고 싶은데 수많은 사람들 때문에 그것을 참아야 하니 슬픔이 모든 지난 세월 생각나게 한다. 병이 왜 생겼는지 알 수 없어 완치할 수 없다는 파킨슨병은 지난 세월의 잘못된 생활 습관일까 하고 돌이켜보고 후회도 한다. 속으로 흐느끼며 의자에 앉아 기다리는데 내 이름이 불리어졌다. 선생님이 병명을 얘기하는 순간 참았던 설움의 눈물이 쏟아졌다. 왜 우느냐고 선생님은 울지 말라고 하셨다. 10년을 같이 가자고 앞으로 좋은 약이 나오니 그때까지 기다리자고 하셨다. 아, 어떻게 살아야 할까. 병은 점점 깊어가고 몸의 행동은 부자연스럽고 둔해져 가는데 무섭다. 아직 내가 할 일이 많은데….

아들 내외가 집에 오겠다고 한다. 걱정했다, 엄마 걱정 말라고 아직은 심하지 않으니. 할 일이 있으니 엄마 환자 취급하지 말라고 못 오게 했다. 집에 혼자 앉아 있는데 고요한 적막은 뭔가를 원망하게 한다. 사색의 나래를 펴고 옛날 순간들을 떠올리며 밤늦도록 글 쓰고 책 읽고 일하고 고민하고 지난 일 그리워하며 잠 못 자던 일들이 후회됐다.

편지에 쓰며

동병상련 환우님과

처음 파킨슨병 진단을 받던 날, 저는 하늘이 무너져 내리는 슬픔에 엉엉 울었습니다. 아직 하고 싶은 일이 많은데 고치기 힘든 병에 걸리다니, 믿을 수 없어 파킨슨병이 아니라고 거짓말했습니다. 그러나 얼굴에 벌레가 기어가는 느낌, 손 떨림, 팔 근육의 통제할 수 없는 강직 증세는 금세 제가 환자임을 인정하게 만들었지요.

가끔은 그 증세가 머리까지 올라와 진정할 수 없는 답답함을 느끼기도 했어요. 그럴 때 쭈그리고 앉아 눈동자를 먼 상상의 세상에 가 있듯 깊은 생각에 잠기면, 머릿속의 말할 수 없는 고통은 사라졌습니다.

음악을 좋아했던 저는 즉시 백화점 문화센터에 가서 바이올린과 노래 부르기에 등록했습니다. 그리고 아들 친구 삼촌인 의사 선생님이 글을 써보라고 하셔서, 다시는 시를 쓰지 않겠다던 신념을 버리고 다시 시를 쓰게 되어 세 권의 시집과 수필집을 내놓게 되었습니다.

지금도 글을 쓰고 있지만, 그 글을 출간해야 할지 버려야 할지 막막한 생각이 듭니다. 또 한 권의 시집을 낼까 하다가 망설이고 있어요. 제 글이라 제가 읽어보면 사랑하고 싶은 글들입니다. 시 낭송회에 가보니 저와 같은 병으로 고생하시는 분들이 극복하기 위해 노력하시는 걸 보고 가슴이 벅찬 감동으로 물들었습니다.

각자 몸도 불편한데 헌신과 봉사를 실천하시는 분들을 보며 감사함을 느낍니다. 여기에 보이는 환우들은 거의 서울대병원 환자인데 저는 삼성병원 10년 차 환자입니다. 이 병에서 해방되는 날을 고대하는 것은 아니고, 더 악화되지 않고 지금의 생활을 그대로 영위되기를 기대하고 있습니다.

그런데 그동안 잘 견뎌왔고 가정생활이나 제가 활동하는 데 장애를 받지 않고 불편했어도 그럭저럭 버텨왔는데, 지난여름 태국에서 골반에서 번개가 번쩍이는 듯한 짜릿한 진통이 있던 날부터 다리가 아픈 것이 낫질 않고 있습니다. 병원에는 가지 않고 혼자 문질러도 보고 뜨거운 물에서 반신욕도 하고 운동도 살살해보지만, 걸음을 걸을 때마다 신경이 울리는 듯해 절뚝거리며 간신히 걸어 다니고 있습니다.

담당 선생님은 아무것도 아니라는 듯이 반응이 없으셔서, 정형외과에 다니면서 진통제와 소염제만 처방받아 아껴 먹고 있습니다. 허리를 구부리고 걸으면 조금 진통이 사라지는 듯해 구부정하게 걷는 모습으로 굳어질까 걱정입니다. 앞으로 남은 생애에 흉한 모습으로 걷는다고 생각해보니 가슴이 먹먹합니다.

이 상태로 앞으로 얼마나 살지는 모르지만, 변해가는 외적인 신체는 모든 의욕을 상실케 하고 집안에서 서성이게 하며 하루하루 결과 없이 시간만 흐르게 하고 있습니다.

운동을 더 하면 건강해질 수 있을지, 아니면 능력을 생각지 않고 젊을 때만 생각하며 무리하게 운동하다 이런 일들이 일어난 것은 아닌지 생각해봅니다. 항상 자신의 몸에 맞게 조심하고 능력껏 운동을 해야겠습니다.

파킨슨병을 앓고 있는 환우들은 몸이 망가지지 않게 운동도 자기 몸에 적절하게 해야 합니다. 과격하지 않게 적당히 하시길 바랍니다. 각자 알아서 잘하고 계시겠지만, 파킨슨병은 완치되지 않는 병이라 외모도 변하게 하지만 심적으로 견디기 힘든 통증이 수시로 찾아와 괴롭히니, 통증을 극복할 수 있는 늘 찾아오는 손님으로 반갑게 맞이하고 사랑하는 법을 배워야겠습니다.

이 상태로 앞으로 얼마나 살지는 모르지만, 변해가는 외적인 신체는 모든 의욕을 상실케 하고 집안에서 서성이게 하며 하루하루 결과 없이 시간만 흐르게 하고 있습니다. 운동을 더 하면 건강해질 수 있을지, 아니면 능력을 생각지 않고 젊을 때만 생각하며 무리하게 운동하다 이런 일들이 일어난 것은 아닌지 생각해봅니다. 항상 자신의 몸에 맞게 조심하고 능력껏 운동을 해야겠습니다.

파킨슨병을 앓고 있는 환우들은 몸이 망가지지 않게 운동도 자기 몸에 적절하게 해야 합니다. 과격하지 않게 적당히 하시길 바랍니다. 각자 알아서 잘하고 계시겠지만, 파킨슨병은 완치되지 않는 병이라 외모도 변하게 하지만 심적으로 견디기 힘든 통증이 수시로 찾아와 괴롭히니, 통증을 극복할 수 있는 늘 찾아오는 손님으로 반갑게 맞이하고 사랑하는 법을 배워야겠습니다.

아픔의 날

몸이 노화 현상으로 변하고 힘도 없어서 일을 하려 해도 일을 제대로 할 수 없었다. 노년에 찾아온 병의 증세는 불안하고 무섭다.

사람이 살아가려면 일을 해야 하는데 아픈 몸으로 일을 할 수가 없어 점점 포기해야 한다. 애들은 결혼하여 각자 살아가고 나는 혼자 살아가다 보니 일을 안 할 수 없다.

사람의 능력은 신기하다. 정말 일할 수가 없을 것 같은데 안 할 수 없어 어쩔 수 없이 일을 하다 보면, 늙고 병들어서 일하는 게 어려워도 그전처럼 쉽게 하지 못해도 일을 마무리하게 된다.

그 일이란 무엇인가? 서울 생활에서 일은 거의 청소나 공과금 정리, 세입자와의 살아가는 일상의 상담 같은 일이다. 간혹 하수구가 막혀 뚫어야 하거나, 물이 샐 때, 또 세입자의 변동 사항 등, 한 집에 여러 명의 세입자와 함께 살아가는 주거 형태는 정리해야 할 것도, 쓰레기 치우는 일도 많다.

나의 귀여운 손주 녀석들 돌보는 일은 할 수 없으니 아들 딸들이 그런 일은 시키지 않는다. 남편이 거주하고 있는 청주에서 사업을 접었다고 해도 아직 정리해야 할 일들이 남아있다. 사무실로 쓰던 땅도 팔리지 않아 그냥 놓아둘 수 없어, 낡은 집은 주인의 손길을 필요로 한다. 살고 있는 집은 새로 지을까 싶어 가꾸지 않아 비 오면 물도 새고 페인트도 벗겨져 점점 보기 싫게 주인 따라 집도 변해간다. 젊었을 때는 멋진 집 지어 시골에서 살고 싶었는데 지금은 용기를 낼 수 없는 능력 없는 고령자가 되었다.

집을 짓는 대신 밭에는 감자도 심어서 제법 알이 굵어져 수확의 기쁨도 느껴보았다. 강낭콩이 올해엔 달리지도 않았고 병이 들어 제대로 자라주지 않아 남편의 수고에 비하면 농사짓는 일의 결과는 초라하다. 수확이 별로 없다. 들깨 모종은 비닐을 씌우지 않고 맨땅에 그냥 주위 사람들 말만 믿고 심었는데, 풀이 많은 밭이라 풀의 성장 속도가 빨라 깨를 덮어버렸다. 남편과 나는 그 풀을 뽑기 위해 아침 일찍 가서 풀을 뽑고 저녁에 시원할 때 일을 하기 위해, 풀이 덜 났을 때 일을 하기 위해 열심히 뽑아 땅 냄새 맡고 겨우 자라기 시작한 들깨 모종에 비료를 주었다.

내일모레 태국으로 14일간의 여행이 시작되기 때문에 덜 익은 옥수수도 따고 집안일은 어느 정도 마쳤다. 내년에 여름 휴가철에 놀러 가지 말아야겠다. 할 일이 너무 많다.

노력한다면

요새 글을 쓰려 해도 써지지 않았다. 정말 이대로 끝나는 것은 아닐까? 왜 단어 생각이 안 날까? 친구 이름이 생각나지 않는다.

이러다 영영 일어나지 못하면, 글을 쓸 수 없으면 어쩌지? 지금 나는 할 수 있는 게 없다. 피아노 앞에 앉아 건반을 두드려보지만, 굽어있는 손가락과 굳어져있는 근육들은 건반을 제대로 두드릴 수도 없고 악보도 읽을 수 없어 더듬더듬 모차르트의 소나타 11번을 간신히 건반을 두드린다. 그래도 하다 보면 돌아오겠지 싶어 한가한 시간이면 피아노 앞에 앉으려고 기억을 더듬는다.

피아노는 아무 때나 칠 수 있는 것이 아니다. 마음의 준비가 되어야 한다. 마음의 잡스러운 생각 버리고 아름다운 맑은 생각으로 피아노 앞에 앉아야 곡이 눈에 들어온다.

악보가 눈에 들어오지 않으면 피아노를 칠 수 없다. 일주일에 두 번 두 시간이라도 피아노 앞에 앉으려고 노력한다. 포기할 수는 없다. 그동안 얼마나 많은 시간과 정성을 들여왔는데, 그 마음 무너뜨릴 수는 없다.

팔의 흔들림

잠을 잘 자고 새벽에 눈을 떠 자세를 바로 하면 왼쪽 팔이 마구 흔들린다. 바람에 흔들리는 나무처럼 나의 팔과 손이 잠시 불안한 고통을 물고 온다. 바람이 불어올 때 나무가 흔들려도 나뭇잎은 가벼운 노래를 부르며 아파하지 않는다. 흔들리는 모습이 빛을 내며 아름답게 보이는 것은 견딜 수 있는 여유와 자연이 주는 노래를 알고 있기 때문이다.

팔의 흔들림이 멈추게 손을 움켜쥐고 힘을 주면 진동은 멎어진다. 언제까지 계속될지 알 수 없는 미로의 고통, 어젯밤 늦게 잠들기 전 저주파 전기 치료기로 몸을 달래주고 잤건만 효능이 없는 걸 느끼면 마음 한쪽이 아프다.

시골에 갔던 남편이 이틀 밤 자고 어제 왔다. 불고기를 맛있게 만들어 둘이 오순도순 먹다가 순간의 짧은 생각이 머리에 스칠 때 온몸을 전율케 하는 자꾸만 잊어버리려 하는 삶의 흔적인 기억들이 사라졌다. 돌아올 때 나는 잔소리처럼 말하게 된다. 남편은 또 거든다. "그래서 진작에 욕심을 버렸어야지. 일을 줄이지 않고."

나의 뇌는 그런 말에 스트레스를 받으며 거기에 반응할 때 머리도 아프고 온몸에 기운이 빠진다. 그리고 반쪽 손과 다리가 떨리며 간신히 설거지를 하게 한다. "저기, 나 힘들어. 더 이상 신경 쓰이는 말 하지 마. 힘들어." 파킨슨병은 신경성으로 뇌의 작용에서 스트레스 느껴질 때 반응하는 병이 확실하다. 아픈 부위 잘라내 이어주면 고치는 병이 아닌, 미세한 신경들로 이어진 인지하고 반응하는 뇌의 반사 작용에서 일어나는 병이 맞는 것 같다.

남편과 둘이 있다 시골로 남편이 가면 허전하고 가슴이 먹먹하다가 점차 정상이 되어 편안한 생활이 된다. 혼자 밥 먹는 일도 처음엔 낯선 이방인처럼 힘들지만, 먹고 싶은 거 먹고 편리한 대로 살면 일거리도 적어져 혼자 살아가는 것이 편한 것같이 생각이 되다가, 영양소가 부족한 것 같은 생각이 들면 남편이 돌아오길 기다린다. 남편이 함께 있으면 조금 신경 쓰이게 되고, 남편이 있어 반찬 하나라도 더 하고 또 의견이 대립되어 서로 주제 놓고 얘기하다 보면 서로 다른 주장에 힘도 빠지고 팔다리가 떨리는 증상이 오면서 심장도 떨린다. 이럴 때 왜 그럴까? 나는 의아한 생각으로 많은 걸 느껴본다.

그러지 말자고 각오하고 생각을 하면서 마음을 가라앉혀 그 고통을 이겨내는 방법을 생각해본다. 팔을 만져주고 문지르고 마사지해 주고 사랑하자. 머리에 신경이 제대로 통하지 않으면 뇌세포에 반응이 온다. 곧 나를 이기지 못할 주체할 수 없는 무서운 힘이 모든 통제 능력을 장악하여 마음먹은 대로 일을 할 수 없을 것 같아 두렵다.

이럴 때는 창문을 열어 공기를 환기시키고 맑은 공기와 분위기를 바꿀 집안의 정서를 환기시키면 기분이 좋아지게 되고, 혼이 빠져 나가 있는 듯한 힘이 없는 부위를 자극시켜야 한다. 손가락 끝을 자극제로 눌러 준다든가 스트레칭을 하면서 근육을 이완시켜주면 서서히 돌아오긴 하지만, 손발이 혈액 순환이 안 돼 만져보면 얼음처럼 차갑다. 이럴 때 다른 주위 사람들과 접촉할 때 그 끝은 얼음같이 찬 나의 몸에 깜짝 놀란다. 죽은 사람처럼 차가운 나의 몸이 지극히 정상일 때는 손발이 따뜻하고 마음도 편안하다. 이런 발작이 올 때 나는 무섭다.

그러나 나는 이 몸 또한 정상이다. 집안에 있을 때 무릎 밑의 정강이와 발을 만져보면 거의 매일 썰렁한 찬 느낌이 나고 아프다. 오른쪽은 약간 덜하지만 거의 비슷하다. 어느 날 나는 느낀다. 이러다 갑자기 죽으면 어떡하지! 갑자기 죽어도 가족들이 놀라지 않게 내 주변을 정리하며 살아가야 하는데, 나는 아직 정리하는 게 익숙하지 않다. 그리고 살아온 흔적을 버리는 것도 아직 마음에 절실하게 닿아있지 않다. 그냥 모든 걸 끌어안고 있다. 그리고 온몸에 에너지가 있어 일을 해도 만족감을 느낄 때 더 오래 살 수 있다고 자부하고 있다. 죽음을 작정하지 않아도….

그날이 그날인 것을

칠십 평생을 살아온 사람들이 모이면 그날이 그날이라고 입을 모은다. 젊은 시절엔 이 나이 되면 멋있게 살 줄 알았다. 선진국 유럽의 어르신처럼 우리도 멋있고 고운 옷 차려입고 해외 나들이 하고 하고 싶은 일 하면서 살 줄 알았는데, 살다 보니 그날이 그날이다.

애간장 졸이던 자식도 자주 볼 수 없고 각자 살고 있어 손자들한테도 해줄 게 없다. 특별한 삶이 아닌데도 할 일이 없는데 하루하루 삶이 바쁘다. 친구 만나보기도 하늘의 별 따기다. 보고 싶고 그리우면 전화 한 통으로 그리움을 대신하고, 할 일이 없는데 시간은 잘도 간다. 살다 보니 평범한 그날이 그날이다.

화사했던 꽃들이 시들어 가듯 자연적인 노화 현상에 몸이 부자유스러운 신체의 변화처럼 늙어가는 것 외에 특별히 고통스럽지 않다면 잘 살아가고 있는 것이다. 지금까지 살아온 것이 전부인데, 이제 세상을 떠난다 해도 아니면 더 살아간다 해도 후세에 남길 것이 없다.

우리는 젊은 시절 그날이 그날인 것처럼 평범하게 살았다. 자기의 소질을 개발하는 것도, 나를 위해서 노력하지도 않았다. 가정을 이끌어가기 위해서 절약하는 생활은 꿈을 꾸었지만 실천을 못하고 살았다. 이제 와서 욕심부릴 것도 더 이상의 큰일을 할 수도 없다. 능력이 되지 않아 큰 꿈을 가질 수 없어 그날이 그날인 것처럼 살아가고 있다.

내가 파킨슨병에 걸리지 않았다면 나는 글을 더 쓰지 않았을 것이다. 이렇게 지금 시를 쓰고 나의 생활 얘기를 글로 쓰기를 원했다면 국문과 대학에 진학하여 조금 더 공부할 것을 후회된다.

내가 보건소에서 아기 엄마, 영유아를 대하고 결핵 환자들을 대하고 관리할 때 좀 더 나은 직장 생활하기 위해 가정학과를 선택해 방송통신 대학에 다녔고, 서울에 와서 구청에 근무할 때는 행정에 대해 더 많은 것을 알고 직장에서 알찬 생활을 하기 위해 행정학과에 다니며 공부를 했다.

젊은 날 공부했던 책이나 노트를 보면서 내 가슴에 뭉쳐있는 어떤 진실에 대해 뿌듯하게 느껴보기도 한다. 열심히 했고 경제학이나 도시 공공 정책 등을 이해하고 예측할 수도 있는 지혜를 얻은 것은 행정학과 다니며 책을 읽고 교수님의 설명을 듣고 공부하여 쌓아 놓은 지식 때문이다. 정부에서 발표하는 정책들을 쉽게 이해하고 앞으로의 나라 일에 대하여 왜 인플레이션이 일어나는지 쉬이 깨달아 어떻게 살아가는 것이 잘하는 것인지 알게 되었다.

우리 애들이 결혼할 때 전세금이라도 쉽게 마련했던 것은 자식들이 엄마를 이해하고 직장을 구해 저축한 돈이 있었기 때문에 조금 수월했다. 공부를 꾸준히 하면 언젠가는 우리의 생활에 보탬이 되고 직장 생활의 길잡이가 된다는 걸 알면서도 아들은 대학교를 졸업하고 ROTC로 군에 입대하고 취직했으며, 막내딸도 대학 졸업하고 바로 취직했다. 해외로 10여 년 다니며 공부한 큰딸은 지금은 애 키우며 학원 강사로 일할 수 있게 된 것은 공부를 더 많이 한 결과이다.

모두 공부를 더 시킬 수 있었으면, 늘 내 가슴에 남아 있는 여동생 아들은 엄마가 일찍 사망했어도 박사까지 공부하여 지금 공공기관의 연구원이다. 젊을 때 공부를 더 할 수 있으면 외국 유학이라도 보내야 한다.

갑자기

아침에 일어나 화장실에 들어가다가 몸이 휘청하여 균형을 잡기 어려워 벽에 몸을 기대고 정신을 차렸다. 넘어지면 큰일 나는데…. 가끔 어지럼증이 생겨 조심한다. 나이 들어 화장실에서 넘어져 건강했던 사람들도 병원에 입원하는 일이 생각나면서 갑자기 시골에 가 있는 남편이 생각났다.

아직 특별하게 아픈 곳 없이 자기 할 일 다 하는 그 사람이 감사하게 느껴진다. 한 집에 살지는 않고 가끔 서울에서 나의 할 일을 도와주고 있는 그 사람이 건강해서 다행이라고…. 시골이 좋아 그곳으로 달려가듯 돌아가는 그 사람은 원망을 하지 않는다.

혼자서 잠을 자다가, 가끔 꿈을 꾸다가, 파킨슨병의 증상으로 소리 지르고 울고 몸부림치고 울다가, 잠을 깨는 일이 종종 일어나고 있다. 어제 새벽에는 더워 문을 열어 놓고 잠자다가 꿈속에서 순식간에 불이 번지는 불을 보고 당황하여 '불이야' 소리치다가 그 소리에 잠을 깼다. 밑에서 잠자는 사람들이 내 목소리 듣고 놀라지 않았을까 걱정된다.

나의 건강 상태는 파킨슨 10년 차 환자라 도움이 필요하지만 나는 아직 모든 일을 스스로 해결하고 있다. 갑자기 어지럼증이 왔을 때 남편이 떠오른다. 보고 싶고 손길이 필요하면 긴급히 와서 도와주고 있는 남편이 건강해서 다행이라고 감사하게 생각한다. 갑자기 그 사람이 생각나는 오늘, 옆에서 건강한 몸으로 지켜주고 있어 보고 싶으면 당장 볼 수 있으니 다행이라고 감사하게 생각한다.

내가 보건소에 근무했을 때 파킨슨 환자였다면 약이 지금처럼 개발되고 연구되지 않아 증상이 심하여 보기 흉한 모습으로 걷고 고통스러운 날들을 보냈을 것이다. 지금은 약이 많이 개발되어 그 약을 잊지 않고 선생님 처방대로 먹고 또 운동하는 것을 게을리하지 않으면 증세는 많이 호전되어 살아가는 데 별지장이 없다. 고통스러운 증상이 있긴 해도 가끔은 기분 좋은 몸의 반응으로 그리고 일할 수 있는 기회를 주는 시간들에 있어 감사하다. 선생님들이 더 많은 연구를 하고 좋은 약들이 출시된다고 하니 내 몸이 완쾌되는 날이 기다려진다.

악기를 연주하여 병을 극복한다면

살다 보면 불편한 날도 많지만 기적같이 새로운 날도 많다. 우리는 생활하다 보면 모든 게 잘 이루어지지 않아서 불만스럽고 속상하고 가슴 태우는 일이 많다. 그러나 그 일들은 왜 일어나는지 알 수 없다.

나는 파킨슨 10년 차 환자임에도 금방 넘어질 듯 흔들며 걸어도 지팡이나 가족의 도움 없이 길을 걷는다. 가끔은 넘어질 때도 있지만, 다행히 넘어질 때 순간의 일이긴 해도 나는 몸의 근육이 원만하게 움직이지 못하면 쓰러질 것을 알기에 넘어지면서 몸을 안 다치게 넘어진다. 넘어질 때 가장 민망한 것은 창피함이다. 부끄러워 숨고 싶은 심정이다. 그래서 조심조심 걸어가도 잘못 발길이 걸리면 넘어진다.

나는 지난여름에 골반에서 불이 번쩍이는 것을 느꼈다. 그리고 그 후로 골반과 다리의 신경이 몹시 아파서 절뚝거리며 걸었다. 병원에서 약 먹고 주사 맞으면 이틀은 괜찮았다. 그 주사도 자주 맞으면 안 될 것 같아 자주 가지는 않고 물리 치료하고 약을 먹었지만, 걸어 다닐 때 통증이 심해 다리를 절뚝거리며 걸어 다녔다. 석 달이 되어도 낫질 않아 고질병이 되는가 보다 생각이 들었다. 그래도 걷지 않으면 근육이 약해져 못 걸을까 봐 한 시간씩 산책을 했다.

다니던 병원은 살고 있는 집과 거리가 멀어 우리 집에서 가까운 병원에서 물리 치료를 받은 후 아픈 통증이 점점 약해지는 걸 느꼈다. 병원을 바꿀 무렵 지난 10년을 꼼꼼히 기억했다. 내가 살아온 길을…. 그 전에는 마사지 연구소에서 맹인 선생님한테 마사지도 받고 약초도 끓여 먹고 또 보라색 과일과 유산균 음료 섞어 갈아서 먹기도 했다. 그런데 지금은 귀찮아서 약초도 안 달여 먹는다. 보라색 과일이나 오디나 그런 것도 일절 먹지 않았다. 그냥 평범하게 밥 먹고 특별히 먹는 것이 없다.

이러면 안 되지 싶어 우선 집에 있는 레몬과 생강을 섞어 꿀에 재워 차로 마시기도 하고, 더구나 취미 생활을 전혀 하지 않아서 문화센터에 나가기로 했다. 9월부터 12월까지 시 낭송회에 방문하여 낭송회에 참가하면서 새롭고 가슴 벅찬 희망의 노래가 저절로 샘솟듯 했지만, 낭송회 발표를 위해 시를 외우기 위해 노력했지만 아픔은 그대로일 때 나는 과감히 그전에 공부하던 피아노 공부를 다시 하기로 하고 굳어서 돌아가지 않는 손가락 연습을 위해 하농의 손가락 연습이 안 되더라도 피아노 치려고 피아노에 앉았다. 그리고 문화센터에 바이올린 등록하여 음이 안 나와도 계속 배우기로 마음을 굳게 다져먹고 등록했다.

정말 꿈같은 일이 생겼다. 조금만 걸어도 아프던 곳이 조금씩 좋아지더니 완전히 사라졌다. 한참 걸으면 관절이 아프기도 했지만…. 아무것도 안 하는 것보다 몸을 움직여 안 되는 것도 되게 하려고 노력하는 것이 특히 파킨슨 환자는 뇌를 깨우쳐야 한다는 것을 알았다. 다음 달부터는 노래 교실로 다니리라 마음먹는다. 나의 파킨슨병은 음악으로 통증을 치유할 수 있으리라. 음악 감상이 아닌 음악을 발생시키는 악기를 이용한 체험을 통해서 이 병을 극복할 수 있을 것 같다.

그러나 그런 용기와 노력도 잠깐의 시간이다. 파킨슨병의 최고 증상인 느린 행동이 모든 걸 어렵게 한다. 기초적인 생활을 하는 데 많은 시간이 걸리다 보니 마음먹은 대로 시간을 쓸 수 없다. 한 일이 없는데 시간은 다 지나가 어느새 밤이 되어 간다. 어둠이 내리면 나는 피아노 연습? 바이올린 연습? 못 했는데 또 어떻게 보냈는지 성과는 없는데 또 시간은 다 지나갔다. 가는 날 중에 반도 못 가고 또 시간은 다 끝이 났다. 밭에 씨앗을 뿌리는 농부처럼 열심히 뿌리려고 노력은 했지만 맺어진 열매가 없다. 3개월의 시간이 또 무의미하게 지나갔다.

그래, 이제 날개를 접으리라. 헛된 꿈은 꾸지 않으리라. 그러나 또 시간이 흐르면 노력하리라. 이렇게 세월에 쫓겨가는 노년에 헛된 꿈을 꾸더라도 다시 도전해보고 싶다. 이 세상 끝날 때까지.

아픔

오랜 장마와 끈적끈적한 습기. 기후의 조건이 최악인데 아픈 사람들에게 코로나19까지 찾아왔다.

숨이 턱밑까지 차오르는 고통, 홍수로 피해를 본 곳은 한두 곳이 아니고 연일 난리 속이다. 평야가 물에 잠기고 집이 떠내려가고 소가 살자고 지붕에 올라가 있는 모습은 애처로워 눈물이 난다.

고통에 잠긴 사람들…

그리고 생명을 앗아간 재해를 안타까이 바라보며 점점 심해지는 통증을 다스리기 위해 여러가지 생각해보고 노력하는 내 모습은 왼쪽 엉덩이와 다리가 아픈 것은 오랜 시간의 혈액순환장애라 생각된다.

며칠 전 왼쪽 발가락 부기를 주물러 빼주었다. 그리고 마사지를 엉덩이 쪽에 해주고 다리를 뒤로 젖히는 운동을 했다. 다리가 아픈 이유가 아프니까 왼쪽 다리가 뻣뻣하게 움직여 골고루 운동이 안 돼 더 아픈 것 같다.

허리(척추가) 탈구되어 신경이 눌린 것보다는 파킨슨 병으로 혈액 순환이 안 돼 노폐물이 쌓여 신경이 원활히 순환되지 않는 것 같다.
온몸을 골고루 왼쪽 허리 쓰는 운동을 많이 하자.

매일 조금씩 노력한다면

헛된 수고, 보람도 없는 일에 매달리다가 조금씩 나빠져가는 나의 예민한 신경의 흐름을 느낍니다. 억지로 강한 척 하려고 애썼지만 남은 것은 마음의 상처입니다. 이런 재건축 조합이었다면 왜 하려고 했을까요? 양심과 한 치의 도덕성까지 무너뜨린 사람들의 모임이었다면 옆에 가지도 말았어야 했습니다.

감정 평가를 이상하다 느낄 만큼 평가한 그들을 용서하지 맙시다. 언젠가는 그들이 죗값을 받을 날이 오리라 믿습니다. 아프지만 않았어도 나는 더 싸웠을 것입니다. 재산이란 내가 애쓴다고 모아지는 것이 아니라는 것을 알기에, 타당성이나 형평성에 맞지 않게 처리한 그들을 용서할 수 없습니다. 변하지 않으려고, 일을 잘 처리하려고 힘든 시간을 참았습니다.

진정서, 민원, 면담, 전화 등등. 누구를 위해서였을까요? 재건축을 할 건데 평가를 땅으로 하지 않고 건물이 작은 연립 건물에 땅이 아닌 건물로 평가한 조합장의 독단에 저항해서, 나의 자존심과 우리 연립 공존을 위해서 건물로 평가한 것을 깨달은 후, 추진위에서도 땅으로 평가한다고 하고는 건물로 평가하여 건물이 작은 연립의 평가를 정당하게 받지 못한 조합장의 행태를 이해할 수 없습니다. 그런데 또 희한한 것은 손해가 보이는데도 이런 결정에 호응을 하는 주민을 이해할 수 없습니다. 재건축할 때 제일 중요한 것이 땅인데, 파괴되어야 할 건물이 왜 평가에서 먼저 고려가 된단 말입니까?

우린 땅이 있어야 집을 지을 수 있습니다. 땅이 먼저 평가되고 건물이 평가되어야 하는데 땅은 고려되지 않았습니다.

신경을 쓰면 병이 더 악화되리라는 것을 알지만, 추진위 때부터 활동해 와 조합의 이사로서 모든 것을 알고 있는 나는 조합 측에 맞서서 옳지 못한 것에 정당하게 싸우기로 했습니다. 원래 난 싸움을 제대로 해본 적이 없습니다. 독하게 싸워야 이기는데, 그동안 애써도 보람 없이 혜택이 없더라도 주민들이 올바른 평가하는 취지를 이해 못하고 우리 편에 협조를 하지 않더라도 싸워보겠습니다. 이왕, 조상의 피를 이어받아 바른 소리 하며 살아가자는 나의 신념이 훗날 정정당당하다고 알 수 있는 날이 오겠지요? 바른 마음으로 사회의 부조리와 싸워가면서 내가 받아야 할 몫을 지키리라 다짐합니다.

매일 조금씩 생각하고 노력한다면 길은 열릴 것입니다. 그동안 망가진 몸을 라인 댄스와 골프로 추스르고, 바이올린, 피아노를 매일 연습한다면 망가진 뇌세포가 살아나리라 믿습니다.

실망

오늘 문화센터에 가서 바이올린을 배우고 집에 와서 한참 동안 멍하니 앉아 있었다. 6월에 3주째 바쁜 일이 있어 참여하지 못하고 연습도 하지 못해 차이코프스키 명상곡을 레슨 받는데, 활로 그어 소리 내는 것도 미약하고 왼손가락으로 음을 잡는 것도 자유롭지 못해 아름다운 소리를 내지 못했다. 왼손가락의 놀림이 어려운 곡이었다.

몇 년 전 발트 3국 여행 중에 발트 해변에 차이코프스키가 앉아서 감상하던 바다라고 하여 사랑했던 벤치에 앉아 포즈 잡고 사진 찍은 후 더 많이 존경했던 작가의 곡이라 그 곡을 느껴보고 이해해보고 싶었지만 아름다운 곡으로 연주되지 않았다.

6월 내내 연습을 못하고 노력을 하지 않았지만, 점점 깊어가는 것 같은 나의 병 증세가 악화되고 있는 증상들이 우울하게 하고 기분을 가라앉게 한다. 얼마 전 베란다에서 넘어져 수도꼭지에 머리 부딪혀 상처가 나서 병원에 가서 꿰매고 파상풍 예방 접종 맞은 후, 또 그제께 횡단보도에서 또 넘어져 다칠 뻔했다.

이제 뭐든지 제대로 못할 것 같은 상실감이 엄습해오고 불안해진다. 조용히 생각해보고 현명한 생각 해보려고 눈 감고 명상에 잠긴다. 나를 잊어버리는 깊은 명상에 빠지면 파킨슨병의 주인은 숨어버린다. 그리고 나는 평화로운 정원에서 잠든다. 고요한 숲속의 평화는 아픔의 늪에서 해방시켜 준다. 아픔은 사라지고 지금 이 순간을 망각한 이 몸의 주인은 잊어버린 진통이 없는 골반과 다리는 마음대로 날아다닌다.

깊은 호흡의 먼 곳에서 잠시 머물고 있는 상상 속의 나는 아픔을 의식할 수 없다는 사실이 나를 위로하고 있다. 상상 속으로 들어가 글을 쓸 때 멈추고 있는 진통이 신비롭다.

이제 글을 쓰지 말자

글을 써서 뭐 하나? 쓸모없는 글이라 생각 든다. 누가 내 글을 읽어줄 것이며 나의 글이 이 세상에서 어떤 이의 마음을 움직여줄 수 있겠나. 그래서 글을 한동안 쓰지 않았다.

파킨슨 환자인 나는 몸을 움직일 때 매우 불편하다. 남들이 쉽게 하는 일, 즉 화장실에서 옷을 내렸다 올리는 것도 손이 거북스럽고 올리기 힘들고, 운동화 하나 신는 것도 힘들다. 이 병을 체험해보지 않은 사람은 전혀 느껴보지 않은 그런 아픔들이 있다.

깊은 잠을 잘 동안 오직 깊은 잠에 빠져 곤히 잠자고 일어나는 시간은 순간이다. 낮에 육체적 노동을 많이 한 날은 그런 잠을 잘 때도 있지만, 보통은 잠이 안 오고 상상 속에서 헤매고 보고 싶은 사람들을 꿈속에서 만나본다.

그리고 내 몸은 왼손이 마구 떨린다. 아프지 않지만 떨림은 온몸에 작용하여 머릿속의 생각을 기분 나쁘게 한다. 불안하고 공포스러운 몸의 작용은 정말 표현하기 어려운 기분을 우울증에 빠지게 한다. 주무르고 때리고 문지르고 해도 사라지지 않으면 일어나 저주파 치료하고 펄스 캡에 몸을 맡기고 다리와 팔의 근육에 원활하게 돌 수 있도록 맡긴다. 신경이 정상적으로 흐르지 않아 막히니까 떨림 현상이 나타나는 것이다.

아직은 내가 적극적이고 무엇이든 하려고 노력하는 성격이라 잘 버티고 있지만, 모든 걸 놓는 순간 끝장이 올 것을 예감한다. 그날이 언제일지 모르는 여정이 계속되리라.

그러나 나는 다시 쓸 것을 예감한다. 손의 떨림은 글을 매일 쓰면 조금씩 좋아진다. 그러나 왼손의 신경은 둔탁하고 무겁다. 마네킹 손처럼 미세한 반응이 없다. 팔 전체가 움직여야 하고 부드러워야 하지만 따뜻한 감각이 없다. 딱히 밑으로 차디찬 느낌이 오른쪽 손이 느낄 때 마음도 몸도 얼어붙는다.

가끔 나는 생각한다. 내가 더 많이 정식 교육을 받았다면 글 쓰는 일에도 명분이 있지 않을까. 그러나 나는 바르게 살았으며 고생하고 갈등하고 청춘을 그렇게 보냈다. 그래서 나도 글을 쓸 명분이 있다고 자부한다.

한글을 더 많이 공부하고 연구하고 국문학과에서 글 쓰는 방법에 대해 공부 더 많이 했더라면 더 좋은 글을 쓸 수 있었을 텐데, 지나온 시간 헛되이 보낸 것 같아 내가 열심히 살았다고 자부해온 날들이 무심하게 허무를 불러온다. 헛된 삶을 사느라 고생했고 내가 잘하는 것이 무엇인지 알고 노력했다면 지금보다는 글 쓰는 재주가 있었을 거야 하고 지난 세월 후회해본다.

공부하는 날

오늘 은행에서 이름 쓰고 사인 하는데 왼손이 요동을 친다. 종이 받치고 있는 손이 흔들려 남들이 보기에 민망하게 느껴진다. 생각과 느낌과 모든 일들을 글로 남기는 글쓰기를 매일 하면 오른손으로 글을 써도 왼손이 떨리지 않는데, 필요 없는 글을 무엇하러 쓰나 싶어 글을 쓰지 않기로 마음먹었다.

책을 내는 일도 돈이 들어가니 무작정 책을 낼 수도 없고 써 놓은 글을 버릴 수도 없다. 5~10년이 흐른 후 써 놓은 글을 읽어보면 나의 글이 아닌 것처럼 상큼하고 재미있다. 옛날에 내가 이렇게 썼었구나 느껴지면 신기하고 대견스럽다. 많은 사람에게 감흥을 주고 글을 읽음으로 희망을 가질 수 있다면 감사하게 생각할 것이다. 내 글을 읽어주는 한 사람이라도 있다면 글을 쓰기로 생각했다.

남한테 과시하거나 나 이런 글을 쓸 수 있는 여자라는 걸 자랑하기 위해서 쓰는 것이 아니고, 나의 아픔을 극복하기 위해서 쓰는 글이다. 파킨슨병은 뇌가 죽어 도파민을 만들어내지 못해서 생기는 병이라고 선생님은 설명해 주셨다. 뇌를 깨우치게 할 수 있고 새로운 자연 환경과 쉬지 않고 노력하는 자극적인 활동이 나를 이기는 병이라 생각한다.

손의 움직임이 어려워 바이올린 이제 그만두려 했으나, 다시 마음을 새롭게 붙들어두고 노력하리라 생각해본다. 요번 학기(4기)에 자리가 있다면 등록하고 안 되면 노래 교실이라도 등록해야겠다.

그러나 손가락에 퇴행성 관절염이 있어 비뚤어진 손가락들은 피아노를 칠 수 없게 한다. 변형된 손가락이 옆 건반을 건들며 정확한 음을 칠 수 없어 피아노를 못 치고 있다. 마음이 차분해지지 않아 음악은 어디로 숨었는지 아끼는 아름다운 선율을 만들어 낼 수 없다. 점점 모든 꿈을 잃어가고 있다. 변형되어 가는 손가락들과 머리로 생각할 수 없는 아득한 멀고 먼 머릿속의 신경들이 살림살이 가계부 정리를 어렵게 한다. 오늘은 얼마나 돈을 썼는지 생각하려면 한참 망설여야 한다. 세포가 죽어서일까? 아니 그래도 정리해보자.

글이란 왜 쓰는가

내가 글을 쓰는 이유는 하루하루 살아가기 힘들어 보통 사람들처럼 삶을 이어가기 위해서 글을 쓴다. 어려서부터 책을 좋아하고 글을 쓰는 걸 좋아해서 썼었다. 40세 이전의 글들은 관리를 하지 않아 버려졌고, 그 이후 쓴 글들은 버리기가 아쉬워 방 한쪽에 보관되어 있다. 이러다가 버려지면 나의 삶이 어디로 날아갈 것 같아 정리하여 두 권의 시집과 수필집을 낸 것이다.

현대의 사람들은 책도 잘 안 보고 글 쓰는 이도 잘 쓰지도 않아, 더구나 나는 평범한 노인의 하찮은 글이라 남편은 컴퓨터로 뭐든 쳐서 인터넷에 올리라고 하는데 나는 컴퓨터를 할 줄도 모른다. 하지만 이렇게 글을 쓰는 이유는 내가 앓고 있는 파킨슨병을 극복하기 위해서다. 마사지 선생의 말처럼 더러운 병이다. 그러나 생각을 글로 쓰면 잠시 내 몸은 모든 것을 멈춘다. 평화가 깃드는 시간이 있다.

한 번 걸리면 완치될 수 없다. 시간이 흐를수록 증세가 심해져 평범한 일상을 보내는 것도 내게는 특별한 삶이 될 것이다. 아직 집에는 시집 두 권을 발간할 수 있는 글들이 있지만, 글을 쓰는 이유는 글을 쓰지 않으면 왼손이 더욱 떨리고 자기 멋대로 움직인다. 올해 꽃 피는 계절이 지난 후, 글을 쓰지 않았다. 편하게 살고 싶어 평범한 삶을 원했지만, 머릿속에 있는 글들을 쓰지 않으면 왼손이 더 떨리고 왼손의 얽혀있는 근육의 신경들이 서로 각자 흔들려 머리까지 흔들린다. 매일 노트 두 장의 분량을 글을 쓰면 힘들게 몸이 반응하지 않는다. 글을 쓰는 이유가 여기에 있다. 글을 쓸 때 내 몸은 정상인 것 같다. 글 쓰는 것은 힘들지만 정신세계는 마음대로이다.

나는 될 수 있으면 솔직하게 나의 얘기를 쓰려고 한다. 나를 알고 있는 사람들이 격려해 주고 좋은 말 해줄 때, 그때의 아름다운 따뜻한 사랑이 위로의 말이 되어 간다. 평가할 때 내가 쓴 글이 잘 쓴 글이 아니라는 걸 알면서 그것들을 책으로 만들어 가까운 친구들한테 나누어 주고 싶어 한다. 나누어 준다 해도 이제 눈들이 나빠져 세월이 너무 흘러가 책을 읽기 어려운 나이 든 친구들은 새 책을 준다 해도 반갑지 않고 남의 일에 관심을 두지 않는 나이를 먹은 노인이지만, 새로운 설계를 하기 위해 나의 경험이 필요한 것도 아니기 때문에 이제 책을 낸다는 것은 의미가 없다.

평범한 삶을 살기 위해 글을 써야만 하는 파킨슨 환자의 살기 위한 전략으로 글을 쓰는 것이다. 증세가 조금이라도 호전되기를 바라는 마음에서 쓰고 있는데, 흔적으로 남게 되는 이런 글들을 불속에서 태워 살아온 흔적을 지워야 하는 것이 잘하는 것인지… 책으로 남겨 영원한 흔적으로 남겨야 할지 기도해본다. 영혼으로 남길 원한다면 공부도 더 하고 정성을 다해 글을 써야 되겠다고 다짐해본다.

파킨슨 환자로 구년 살다

올해의 가을은 너무 빨리 사라진 것 같았다. 서리가 빨리 온 것은 아닌데 비가 자주 와서 그런지, 아니면 낙엽이 물드는 적당한 온도가 지속되지 않아서인지 산하의 잎사귀들이 제 색깔의 아름다움을 잊은 채 파아란 색으로 있다가 날씨가 추워지니까 완전한 단풍으로 물들지 못하고 우수수 쏟아진다.

남편은 시골에서 사업을 접었는데도 20년 넘게 지방에서 생활한 방식이 몸에 배어 있어 서울에서 있지 못하고 예전처럼 시골로 훌쩍 떠나 생활한다. 그동안 몸 담아 왔던 곳을 정리 못 하고 시골 생활이 즐겁다고 하는 그 사람 때문에 내가 서울 생활 정리하고 시골로 내려가야 하는 건 아닐지 생각한다. 남편이 시골로 가는 날, 둘이 함께 있다가 떠나가면 왠지 허전하고 쓸쓸한 마음이다. 아픈 가슴 스칠 때 이 세상에 나 혼자 남게 되는 현상을 경험한다.

하루 세 끼 챙겨 먹는 것 귀찮은 일이긴 하지만, 남편과 함께 있으면 반찬도 단백질, 채소 등 다섯 가지 영양소를 따져서 메뉴를 선택하지만, 혼자 있을 때는 그냥 편한 것, 먹고 남은 음식이 있으면 그것으로 때우기 때문에 불균형이 온다.

지금 글을 쓰는 순간 이 노트의 글들의 모양이 잘 써지고 있다. 왼손의 흔들림은 약간 있어도 남편이 있는 날은 밤에 옆에서 글 쓰는 일을 하지 않았다.

글씨가 예쁘게 써지는 것은 남편이 옆 방에서 고요히 잠을 잘 자고 있기 때문일까?

혼자 잠 잘 때, 혼자 있을 때 가끔은 무서운 환영을 느낀다. 꿈을 꾼 것도 아닌데 남편이 옆에 있는 것처럼 그이의 온기가 스치면 '여보'하고 부르는 남편 목소리에 잠이 깨어 깜짝 놀란다. 아무도 없는데 아아, 시골에 갔지. 공포의 물결은 잠시 사라진다. 그래도 또 하루 이틀 지내다 보면 혼자만의 생활에 익숙해지고 마음 편한 날이 계속되면 혼자 사는 행복한 즐거움이 또 있다. 만났다 헤어지는 연인처럼 애틋하고 가련한 그대와의 인연은 운명이라고 자위하며 살아간다.

병원에서 선생님의 면담 질문서에 옷을 입을 때 누구의 도움이 필요한가 묻는 내용이 있었다. 몸이 불편할 때 옷 입고 벗는 것이 부담스러워 목욕하기 싫은 날이 있다. 그럴 때는 옆에서 도와주는 사람이 있었으면 느끼지만 아직은 내 스스로 모든 걸 해나가려 한다. 요양원에서 근무하는 동생이 그래도 언니는 증세가 빨리 진전되지 않아 다행이라고 위로해주면 감사한 생각이 든다.

파킨슨병이 진단 나온 지 이젠 9년이 흐르고 10년 차로 접어들었다. 병원에서 선생님이 앞으로 10년을 같이 가자고 하셨는데, 그 이유는 내가 그때 되면 죽게 될지도 모른다고 생각하고 선생님의 정년이 그때 되는 건 아닐까 상상해보았지만 지금 담당 선생님의 모습은 아직 정년이 되어 퇴직하시는 나이는 아닌 것 같다. 선생님은 활기 넘치시고 젊으시다. 우리 선생님과 나는 자주 만나 뵙지는 못한다. 약 처방해주고 길면 6개월, 짧으면 4개월 만에 예약이 되어 얼굴을 보고 면담을 하니까.

10년 가까이 되어도 횟수는 많지 않지만, 초기에는 선생님께 파킨슨병이 아닌 것 같다고 여쭈어보면 선생님은 의심하냐고 답하셨다. 여러 가지 검사에 의한 결과인데도 나는 믿고 싶지 않았고 파킨슨병은 완치되지 않는 골치 아픈 병이라는 걸 알고 있었기에 오진이길 바랐다. 그동안 증세가 심한 날도 있어 견디기 어려운 날이 더 많았다.

하루의 일과 중 건강에 신경 쓰고 스트레칭 운동에 신경 안 쓸 수가 없는 것이, 운동 안 하면 걸음이 걸리지 않는다. 집안에서도 신경 쓰고 활동해야 한다. 그렇지 않으면 밖에 나와 걸을 때 뒤에서 누가 자꾸 잡아당기는 것처럼 앞으로 가기 어려워 파킨슨 환자는 종종 걸음 걷는 것이다. 떨면서 간신히 걸음을 걷는 어르신을 보면 당장 옆에 가서 언제부터 그러냐고 묻고 싶지만 나는 말을 건넬 수 없다. 나도 곧 그럴 수 있으니까… 어두운 그림자가 온몸에 스치면 어쩌지? 하고 걱정해본다.

아픔을 이기기 위해서

집안에서 살아가는 동안 말을 주고받을 사람 없으면 조용해진다. 나는 남편과 함께 있으면 수없이 재잘거린다. 한 말 또 하고, 또 잔소리하고…. 남편은 내가 남편 집에서 이틀만 지나면 언제 갈 거냐고 물어본다. 나는 빤히 그 속마음 다 안다. 시내 나가서 친구 만나 술 먹고 수다 떨고 싶어서다. 수다는 여자만 떠드는 것이 아니다.

나는 언제부터일까 입안의 신경들이 자기 역할을 하지 못해 헛말이 자꾸 나오고 목에서 나오는 소리가 거칠어진다. 그리고 말이 겹쳐지고 내가 몸이 불편하고 상냥한 말투가 아니라서인지 대화를 오래 하는 것이 힘들다. 쓸데없는 말 오래 하는 것을 싫어한다. 나는 어린 시절부터 생각나는 대로 얘기하고 싶다. 그이는 술 마시면서 쓸데없는 얘기를 하며 웃고 스트레스 풀고 집에 와서는 방황하지 않고 바로 쓰러져 잠을 잔다.

나는 서울 관악산 언덕, 산 밑에 산다. 시장 보기 위해 걸어서 내려왔다 올라가면 산책하는 만큼 걸어야 하고 길도 가파르다. 산에 등산하기 위해 올라가는 산의 초입에 펼쳐진 오르막이다. 택시 타고 집에 갈 때는 길이 안 좋아 기사한테 늘 미안하고 죄스럽다. 당당히 돈을 내고 다니지만….

병의 치료는 그 병을 극복하는 것일 것이다. 아픔을 이겨내기 위해서는 도전적인 마음이 필요하다. 아프다고 누워있을 것이 아니고 아파도 집에서 나와 밖에서 할 일 하고 무언가 자꾸 일해야 한다고 생각한다. 내가 처음 병명을 알던 날, 집에서 복도 청소도 하기 힘들었다. 팔, 어깨, 다리 모두 아팠다. 그렇지만 일을 다 하고 나면 마음도 가볍고 즐거워서 다른 사람 안 시키고 혼자 하다 보니 어느 날은 청소해도 아프지 않았다.

사람들은 일하지 말고 건강 챙기라고 쉽게 말하지만 건강하기 위해서 일을 할 수 있으면 해야 한다고 생각한다. 아픈데도 일을 하다 보면 어느 날은 안 아픈 날이 있다. 그리고 내가 일을 해서 그 결과가 만족스러우면 흐뭇하다. 그런데 그 마음먹기가 어렵다. 힘들고 불편한 걸 겪어야 하니까 자꾸만 망설여진다. 잠깐 이제 청소해야 되다고 느낄 때 그걸 마치고 나면 기분이 좋아지고 행복해진다. 파킨슨 환자라 해도 나는 봄이 되면 밭에 나가 호미로 땅을 파고 감자 심고 자라는 모습 보면 행복해진다. 몸이 불편할수록 몸을 움직이는 것이 병을 이겨내는 근본 치료약이라 생각한다.

한 해를 보내며

올해도 다 넘어간다. 몸이 이상하여 여름부터 동네 병원에 다니며 진찰할 때 내과 선생님은 '제가 고쳐드리지요' 하면서 약을 주셨으나 아무 소용이 없었다.

파킨슨병이라는 걸 알기 전에 나타난 증상은 뱃속의 장이 불편했고 다리가 아프고 잠자다가 쥐가 나서 한의원의 침과 처방도 효과가 없었고, 목 디스크라는 의사 선생님의 진단에도 통쾌하지 않아 마지막 신경외과 갔더니 파킨슨병인 것 같다고 큰 병원에 가보라고 한 지 이제 10년에 접어간다.

고칠 수 없는 잔인한 병! 이 병이 아니길 바랐다. 점점 증세가 심해서 일생을 망칠 수밖에 없는 병이라 무서웠고, 이 병은 싸워서 이길 자신이 없었기에 파킨슨병에 걸린 것이 창피스럽고 비참했는지 모른다. 남들이 알게 될까 봐 숨기고 싶었다. 자존심이 무너지는 절망의 순간이었다. 파킨슨이라는 병명을 받던 날 병원 선생님 앞에서 엉엉 울었다.

정말 걸리고 싶지 않은 병인데 지난 세월 돌이켜보니 나의 생활은 엉망이었다. 고시원 할 때 또 김장하는 날, 일이 많으면 밤을 새워서 일했다. 잠을 안 자고 밤에 내일 할 일을 준비하느라 잠을 못 잤고, 평상시에는 젊은 시절에 책을 읽다 보면 재미있어서 밤을 지샜고 나이 들어서는 글을 쓴다고 밤을 지샌 적 있다.

나는 글을 어디에 소개하거나 책을 내진 않았어도 노트에 시를 썼다. 결혼하기 전 서쪽 하늘에 물든 낙조를 보며 지은 시도 있었는데 그런 글들은 버려서 지금 나에게는 없지만, 40이 넘어서 글을 쓴 흔적으로 몇 권의 노트가 있어 시집을 내게 되었다.

파킨슨병은 떨리고 아프고 가끔 환상과 환영이 나를 괴롭히지만 가장 힘든 것은 기가 다 빠진다는 것이다. 파킨슨이라는 병명을 받았어도 나는 최선을 다해서 내 할 일 하리라 다짐하고 생활했기에 나는 고백할 수 없는 많은 일을 하고 있지만, 일을 못하게 아픔을 주었는데도 굽히지 않고 열심히 일한다고 신의 저주가 있을까 봐 난, 내가 하는 일을 다 말할 수 없다.

서울에서 생활하다가 청주 남편이 사는 곳에 오면 고구마도 캐고 남편이 틈틈이 밭에 심어 놓은 곡식들을 거두어들일 때 도와주려고 힘을 보탰다. 따스한 햇볕이 있고 맑은 하늘과 공기는 아픔을 물리치게 하고 새 힘을 넣어 주었다. 파킨슨병을 앓아오면서 가장 힘든 건 갑자기 힘이 빠지고 머리가 아프고 마음이 흔들리는 것이다. 그리고 무서워지며 답답하다. 이대로 계속되며 미쳐버릴 것 같은 진정할 수 없는 머릿속의 뇌 작용이 이상하게 흐를 때 나는 무섭다. 이대로 계속된다면 어쩌지? 걱정이 될 때 거침없이 일을 멈추고 손과 발을 주무른다.

자극을 주고 한숨 한숨 크게 쉬면 정상으로 돌아온다. 파킨슨 10년까지는 잘 견디어 주었고 내 생활이 무너지지 않게 진전 안 되고 나쁜 상황은 아니다. 앞으로가 중요하다. 어떻게 남은 인생을 살아갈 것인지 잘 견디어야 하는데…

오늘 괴산 절임배추 세 박스를 남편과 함께 김장을 했다. 두 박스만 하려고 했는데 양념이 남아 한 박스 더 사다가 김장을 마무리했다. 막내 여동생은 공무원 퇴직했으나 계약직으로 다시 관청에 나가서 못 오고, 그 위 여동생은 요양원 직원으로 근무하고 있어 도와달라고 할 수 없어 조금만 하니 걱정 말라고 했지만 정말 안 아픈 곳이 없다. 김치를 버무리는데…. 그래도 무사히 끝났다.

서울에 와서 세 명의 자식들에게 나누어주고 파김치하고 삼겹살 파티할 생각하니 신바람 난다. 며느리는 토요일에 하면 와서 도와드릴 텐데, 막내딸 손주 녀석은 김장 김치 양념하는 걸 보고 싶으니 내년에 초대해 달라고 한다. 초등학교 3학년인데 셰프가 꿈인 모양이다. 그래 힘들어도 내년엔 다 모여 하자.

숨기고 싶은 여자

나는 숨기고 싶은 것이 많은 여자랍니다. 관악산 줄기 뻗어 내린 산동네에 살아 언덕길을 내려올 때 넘어질까 두려워 별을 세듯 발자국 세며 조심조심 내려와 몇 번이고 마음속의 소망을 헤아립니다. 세월 좇아 변한 추한 모습 숨기고 싶어 허리 곧게 세우고 가슴을 펴고 걸으며, 파킨슨 환자임을 표 안 나게 하려고 얼굴 표정의 딱딱한 인상 숨기고 미소 지으려 애써보지만, 마을버스 유리에 비친 희미하고 어색한 얼굴은 평범한 이웃 아낙의 얼굴을 닮고 싶어 합니다.

가끔 관악산 정기를 받아 몸이 거북스럽지 않고 집안일을 해도 불편하지 않은 날, 거만하게 세상을 이긴 것처럼 자존심 높아 주변 살펴보고 웃음꽃 피워보려 하지만 운명처럼 찾아온 몸속에서 파킨슨이라는 이름으로 살아가고 있는 그 이름 숨기고 싶어 합니다. 내 몸속에서 지시하며 나를 쥐락펴락하는 그이는 거센 물살처럼 순간에 아픔을 주고 금세 근육을 꽁꽁 묶어 움직이지 못하게 합니다. 예고 없이 찾아온 손님이 헤집어 놓은 갈등의 고통은 나를 숨고 싶게 만듭니다.

이왕이면 아름다운 꽃들이 피어있는 동산에 숨고 싶습니다. 꽃 보느라 고통을 느끼지 못하면 꽃향기 따라 춤추며 날아가고 싶습니다. 아무것도 안 보이는 하얀 세상으로, 그대가 만들어주는 꽃가마 타고 날아가고 싶습니다. 나, 이 세상에 태어나 여기까지 이만큼 왔으니 세월에 잡히지 말고 숨어서라도 고지에 오르고 싶습니다. 파킨슨 환자는 오지 말라고, 그 메아리가 허공에 부서져 온몸에 전해져와도 어색한 몸짓 숨기고 나비처럼 춤추며 날아가고 싶습니다.

누군가 자꾸 잡아서 환자임을 주입시켜도 아름다운 세상살이에 숨어 아픈 마음을 숨기고 지금까지 잘 살아왔다고, 내가 하고 싶은 일, 남의 눈치 안 보고 잘해왔다고 노래 부르겠습니다.

어린 시절 달빛이 비치던 날 깡통차기 놀이처럼
술래 몰래 숨어 술래의 깡통을 차던 그 소리 들려와도,
어둠에 숨어 누구인지 분간하기 어려웠던 숨바꼭질처럼,
파킨슨병은 어두운 밤하늘에 별들의 속삭임과 지치지 않는 심장에서
해맑은 산소가 스며와 산뜻한 마음으로
조금씩 변해 알 수 없는 슬픔이 밀려와도
흔들리지 않는 꼿꼿한 모습으로
아름다운 춤추듯 하루하루 살아가다가
파킨슨이 심하게 떨면서 쫓아오면
떨어지는 꽃잎 속에 숨고 싶습니다.

왼손이 흔들리는 날

일을 하다 보면 약을 먹는 걸 잊어버릴 때가 있다. 약을 안 먹었는데 왼손과 팔에 힘이 빠져 남의 손처럼 움직일 수 없는 상황이 멈추지 않아 방황하고, 일을 끝까지 마무리할 수 있는 경우에 가끔 또 기대해본다. 파킨슨병이 다 나은 것은 아닐까. 걱정이 되어 안 아파도 또 약을 삼킨다. 복용 시간이 늦어 또 곧 후유증이 나타날 걸 안다.

약을 제대로 먹지 않는 날에는 몸에서 물이 많이 나온다. 더워서 나는 땀은 아닌데 등 쪽에서 물이 줄줄 흐른다. 정신을 가다듬을 수 없는 정신적 고통이 엄습해온다. 그런데 희한한 것은, 글을 쓴다고 머릿속 깊은 공간에 들어가 상상의 세계에 빠져 언어를 생각해내고 지난 옛일을 추억하며 글을 쓰다 보면 손목과 손가락이 생각과 반대로 흔들리며 춤을 추지만, 머릿속으로 전달되던 기분 나쁜 증상은 사라진다.

맑은 의식을 찾을 수 없는 이상한 세계, 모든 것이 정상에서 시작하는 영혼의 순수함이 사라지고 이상한 일이 생길 것 같은 증상들은 마음을 초조하게 하고 불안하게 괴롭힌다. 그 상태를 벗어나려면 두 손으로 머리에 자극을 준다. 두드리고 문지르고 귓속에 작은 충격을 주어 귀에서 소리 나는 이명을 잠시 멈추게 하면 가슴속이 시원해지며 나쁜 증상들이 사라진다. 참지 못하는 통증은 아닌데 견디기 힘든 신경계의 반란은 슬픈 영혼을 부른다.

남편은 자꾸만 청주에 가자고 한다. 청주의 생활을 청산해야 하는데 쉽게 되지 않는다. 습관은 쉽게 변하지 않는 것처럼 사업한다고 25년 동안 청주에서 살아온 남편의 청주 내수 사랑은 영원할 것 같다.

꾸준한 노력

살면서 돈을 모으는 데는 규칙과 꾸준한 노력이 필요하다. 돈을 벌어도 모으기는 어렵다. 돈은 집 안에 들어와 쌓이기보다는 이 사람 저 사람에게 돌아다니길 좋아한다. 그래도 그 돈을 잘 관리하면 조금씩 모아진다. 이런 사고방식은 나에게 익숙하지도 않고 나의 뇌 구조에도 맞지 않았나 보다.

몇 년 전부터 귀에 쇳소리가 들리고 머리가 어지럽고 귀가 아파서 어딘가에 집중 못 하고 불안해했다. 이명이 심해지면 잠을 잘 수 없다. 이제 음악과 함께 살리라. 맑고 아름다운 소리, 무언가 가슴에 깊이 느낄 수 있는 곡을 들으며 노래도 즐기고 피아노도 열심히 치고 바이올린도 다시 만지리라. 나는 우선 문화센터에 가기로 했다. 바이올린 한 시간 하면 노래 부르기 시간이 있어 등록을 했다.

노래를 부를 수 없었다. 노래를 하면 목구멍의 기관지에서 기침이 나오고 손이 계속 떨리고 엄지손가락 윗부분이 찌릿하게 진동이 왔다. 피아노를 치려하니 손가락이 굳어 있고 아파서 칠 수가 없었다. 손가락이 굳어 손가락으로 하나하나 박자를 못 맞추고 그냥 넘어가려 해 박자를 맞추기 어려워 매일 하농을 20번까지 치도록 노력했다.

바이올린은 혼자서 연습할 때는 별로 지장이 없으나 선생님 앞에 서면 다리가 휘청거릴 만큼 흔들리고 귀가 멍멍해져 음정을 맞출 수 없었다. 바이브

레이션을 넣으려 하면 바이올린 전체가 흔들리며 어지럽게 해 제대로 할 수 없었다. 옛날에 잘한다는 소리 들었는데 선생님은 절대 칭찬해주지 않았다. 음정을 맞게 손가락을 움직여야 하는데 정확한 음이 나오지 않았다.

뇌를 깨우기 위해서는 글도 써야 하는데, 오른손에 펜 잡고 무언가 쓰려 하면 왼손이 떨리고 아팠다. 남이 보는 앞에서 글 쓰기가 매우 어렵게 보였다. 나는 이제 쓸모없는 인간이 되었다. 제대로 뭔가 할 수 없다. 노래도 못하고 피아노도 못 치고 바이올린은 음정, 박자가 안 맞는다고 선생님 뵙는 날 혼난다. 그러나 실망하지 않으리라. 노력해서 조금씩 좋아진다면 그것으로 만족할 것이다. 일주일에 한 번씩 초정 목욕탕에 가서 목욕할 때도 손가락 연습을 하고 손 운동을 하였더니 조금씩 좋아지더니 옛날처럼은 아니래도 많이 좋아졌다. 반복적인 꾸준한 노력은 감각을 되살아나게 한다.

나는 파킨슨병이 아니다

왜 이 병이 왔는지 이유를 알 수 없다. 원인을 안다면 치료약이 벌써 나왔단다. 이 병의 심각성을 처음 알던 날은 한밤중에 내 마음을 진정시킬 수 없었다. 귀에서는 천둥소리가 계속 나 무서웠고 마음은 불안해서 책을 보아도 옛날처럼 고요한 마음을 가질 수 없었다. 불안한 마음은 나의 미래를 어둡게 했고 캄캄한 어둠은 생각들을 방황케 하고 죽음을 연상하게 했다. 즐거운 TV를 보면 가라앉을 수 있을까 싶어 채널을 돌려보지만 아무 효과도 없었다.

나는 나의 병을 믿고 싶지도 않고 병명도 오진이라고 생각하고 싶다. 내가 왜 이렇게 망가진 건지, 앞으로 아무것도 할 수 없는 인간이 될 건지 도전하고 싶었다. 남편이랑 남도 여행을 갔다. 음력 정월의 남쪽 지방은 그래도 온기가 있고 즐거운 곳이었다. 다리가 아프고 걸을 때마다 발이 바닥에 채이는 듯 뒤뚱하게 걷지만, 정신을 똑바로 하고 자세를 반듯하게 하면 잠시 나는 멋쟁이가 될 수 있었다. 걸음을 잘 걷는다는 것은 예순이 넘은 여자의 태도를 아름답게 한다.

하룻밤을 잘 요량으로 집을 떠났는데 송광사에서 108배를 하며 눈물을 흘리며 가슴 아픈 기도를 하니 조금 용기가 났다. 내가 늘 미안하고 아끼고 사랑했던 사람들… 엄마는 교통사고로 가시고 여동생은 직장암으로 세상을 하직하고… 나의 슬픈 기억들을 잊을 수 없다. 그 한은 가슴에 쌓이고 늘 아프게 한다. 엄마와 여동생의 저승은 따뜻하고 행복하고 좋아하는 곳에서 살아가기를 기도했다.

송광사를 떠나 지리산 화엄사로 향했다. 집에서 떠나올 때는 하룻밤을 자고 화엄사로 가기로 했지만 갑자기 하루에 다 다녀오고 싶었다. 위용을 뽐내고 이천 년의 향기가 배어 숭고한 냄새가 품어 나오는 화엄사. 몇 년 전 처음 오후 6시에 도착하던 날 처음으로 북을 치는 걸 보았다. 스님의 북 치는 광경은 날개 달린 커다란 사슴이 하늘로 오르는 것 같았다. 부드럽고 천연덕스러운 얼굴에 인간을 구원하러 온 광채 나는 눈빛을 반짝이며 팔을 움직일 때마다 출렁이는 스님의 옷자락은 세상 풍파를 감싸고 쓰다듬는 사랑의 노래이다.

날개 달린 새처럼 선한 사슴이 말처럼 달려가는 평화를 이룬 후 즐겁게 춤추는 노랑나비의 모습처럼 꿈은 날아올랐다. 그 모습이 보고 싶어 또 왔지만 오늘은 시간이 맞지 않아 보지 못했다. 가슴을 꽝꽝 울려주던 북소리. 잊혀지지 않는 가슴을 물들여주던 스님의 가사 장삼은 나비처럼 너울너울 춤추듯 움직이고 생생하니 가슴 뚫어주던 북소리를 처음 들어보고도 잊어버릴 수 없는 것은 이것 또한 오래전 전생의 인연 때문인가 보다. 나는 그렇게 생각하고 언젠가 다시 또 그 모습 보기를 원했다.

살아가는 의지

낙숫물이 계속되면 구멍이 생기듯 무엇이든 반복석인 힘과 활동이 있다면 상상할 수 없는 일들이 생길 수 있다. 처음에는 작은 것이었는데 오랜 세월이 지나고 보니 커다란 에너지로 변해 많은 사람을 감동시킬 일이 일어난다. 현재의 생활이 힘들고 무언가 자기의 이상에 맞지 않는다고, 소질에 맞지 않는다고 다니던 직장을 생각 없이 사직하는 것은 어리석은 일이다. 사람들은 때로는 기적이라고 할 만한 변화나 수확을 바라지만 그런 일은 결코 일어나지 않는다.

1950년대에 태어난 우리들은 모두 가난하게 살았다. 결혼하면 모두 단칸방에서 월세 내고 사는 것이 보통 사람들이었다. 이웃, 언니, 오빠가 부모님이 살아온 경험을 얘기해 주면 어떻게 그런 일들을 이겨내고 살았을까 하고 찬사를 보낼 수밖에 없었다. 남의 집 곁방살이로 살림 날 때 밥그릇 두 개와 수저 두 벌을 들고 살림 나와 근근이 살면서 남의 집 일도 해주면서 재산을 늘려 나갔다는 부모님들의 고생은 우리가 처한 환경을 탓하거나 게으른 생활을 하면 평생 가난과 고생을 벗어날 수 없다는 관념을 심어주었다.

작은 것이 쌓이고 쌓이면 크고 단단한 것으로 변한다. 생활의 지혜로 아끼고 남보다 더 많이 일하고 꾸준히 어려움을 극복하다 보니 저절로 큰 부자가 되었다. 우리가 살고 있는 우주 공간엔 큰 비밀이 있다. 열심히 산다고 우리가 원한다고 모든 일이 이루어지는 것은 아니다. 어디서 오는지 알 수 없는 신비의 에너지가 각자에게 다가와 성공과 실패를 경험하게 하는 전설적인 이유가 어디에서 오는지? 어떤 이유가 있어 일에 지장을 주고 삶을 방해하고 건강을 앗아가려 열이 오르는 병이 생겨나도 최선을 다해 진심으로 치유하고 온 정성으로 다한다면 어려운 고통과 난관들이 서서히 사라진다는 것을 살아가면서 명심하자.

팔의 흔들림

잠을 잘 자고 새벽에 눈을 떠 자세를 바로 하면 왼쪽 팔이 마구 흔들린다. 바람에 흔들리는 나무처럼 나의 팔과 손이 잠시 불안한 고통을 물고 온다. 바람이 불어올 때 나무가 흔들려도 나뭇잎은 가벼운 노래를 부르며 아파하지 않는다. 흔들리는 모습이 빛을 내며 아름답게 보이는 것은 견딜 수 있는 여유와 자연의 노래를 알고 있어서다. 그러나 파킨슨 환자인 나는 팔의 흔들림이 멈추게 손을 움켜쥐고 힘을 주면 진동은 멎어진다.

언제까지 계속될지 알 수 없는 미래의 고통. 어젯밤 늦게 잠들기 전 저주파 전기 치료기로 몸을 달래주고 잤건만 효능이 없는 걸 느끼면 마음 한쪽이 아프다.

시골에 갔던 남편이 이틀 밤 자고 어제 왔다. 불고기를 맛있게 만들어 둘이 오순도순 먹다가 순간의 짧은 생각이 머리에 스칠 때 온몸을 전율케 하는 자꾸만 잊어버리려 하는 삶의 흔적인 기억들이 사라졌다 다시 살아서 온다. 돌아올 때 나는 잔소리처럼 말하게 된다. "나 아프고 힘들어." 남편은 또 거든다. "그래서 진작에 욕심을 버렸어야지. 일을 줄이지 않고."

나의 뇌는 그런 말에 스트레스를 받으며 거기에 반응할 때 머리도 아프고 온몸에 기운이 빠진다. 그리고 반쪽 손과 다리가 떨리며 간신히 설거지를 하게 한다. '저기 나 힘들어, 더 이상 신경 쓰이는 말 하지 마. 힘들어.' 파킨슨병은 신경성으로 뇌의 작용에서 스트레스 느껴질 때 반응하는 병이 확실하다. 아픈 부위 잘라내 이어주면 고치는 병이 아닌, 미세한 신경들로 이어진 인지하고 반응하는 뇌의 반사 작용에서 일어나는 병이 맞는 것 같다.

남편과 둘이 있다 시골로 남편이 가면 허전하고 가슴이 먹먹하다가 점차 정상이 되어 편안한 생활이 된다. 혼자 밥 먹는 일도 먹고 싶은 거 먹고, 편한 대로 살다가 먹을 게 없어 기운 떨어지고 그러다 남편이 있어 반찬 하나라도 더 하고 또 의견이 대립되어 서로 주제 놓고 얘기하다 보면 힘이 빠지고 팔다리가 떨리는 증상이 오면서 심장도 떨린다. 이럴 때 왜 그럴까? 나는 의아한 생각으로 많은 걸 느껴본다.

그러지 말자고 각오하고 생각을 하면서 마음을 가라앉혀 그 고통을 이겨내는 방법을 생각해본다. 팔을 만져주고 문지르고 마사지해 주고 사랑하자. 머리에 신경이 제대로 통하지 않으면 뇌세포에 반응이 온다. 곧 나를 이기지 못할 주체할 수 없는 무서운 힘이 모든 통제 능력을 장악하여 마음먹은 대로 일을 할 수 없을 것 같아 두렵다.

이럴 때는 창문을 열어 공기를 환기시키고 맑은 공기와 바람과 자연의 냄새를 맡으면 기분이 좋아진다. 힘이 없는 부위를 자극시켜야 한다. 손가락 밑을 자극제로 눌러 준다든가 스트레칭을 하면서 근육을 이완시켜주면 서서히 돌아오긴 하지만 손발이 혈액 순환이 안 돼 얼음처럼 차갑다. 이런 발작이 올 때 나는 무섭다.

몸이 지극히 정상일 때는 손발이 따뜻하고 마음도 편안하다. 온몸에 기가 안 돌 때 몸이 안 움직여지지도 않지만 머릿속의 생각이 선명하지 않아 기억력 떨어질 때, 제대로 글이 안 써질 때, 이건 치매가 오는 것은 아닐까 하는 생각이 든다. 혼돈하지 말고 차근차근 어지러운 조각들을 진정시키자고 가슴을 토닥거린다.

남편

남편 백내장 제거하고 렌즈 끼는 날이다. 청주 병원에서도 잘한다고 그것이 편하다고 예약하여 청주에 갔다. 남편이 청주에서 생활이 익숙하여 그곳에서 지내길 원하지만, 할 일이 많은 나도, 병원에서 혼자 다니긴 해도 남편에게 핑계거리 주지 않기 위해서라도, 안과 병원에 함께 가기 위해 청주에 갔다.

아침 일찍 병원에서 시술은 잘 끝났다. 시술 후 이튿날 병원에 가서 확인하고 안대 풀고 잘 되었다고 의사 선생님 한마디 후 시야가 너무 잘 보인다고 남편은 좋아했다. 그전에 이틀 동안 나는 최악의 날이었다. 팔도 다리도 너무 떨려 정신까지 혼미해지는 것 같았다. 목이 너무 마르면 먹지 않아도 된다고 설명해준 푸른색 제일 적은 알약이 청주에 갖다 놓은 게 없어서 안 먹어서일까? 아니면 남편 때문일까?

병이 심해져 증상이 나타난 것은 아닌지 걱정되었다. 매일 이런 증상이 나타난다면 나는 사는 게 의미 없고 괴로울 것이다. 차라리 죽는 게 나을 거라고 말하고 싶다. 왼손, 왼쪽 다리 흔들려 서울 오는 동안 내내 손을 꼭 잡고 집에 왔다.

3월 17일, 집에 오자마자 펄스 캠도 하고 마사지도 하고 반신욕도 했다. 계약서 쓰기 위해 우리들 부동산 가기 위해 걸어가는데 발걸음이 잘 떼어지지 않는다. 운동을 안 해서 그런 것 같다. 매일 스트레칭도 하고 골프 연습도 하자.

파킨슨병은 왜 이리 생각하게 하는 것이 많은지 모른다. 증상을 열거하니 천 가지 만 가지이다. 보고 느끼고 나의 수많은 신경들이 자연과 내 주위의 일어나는 수많은 현상들과 작용하여 반응하는 말할 수 없는 몸의 부자유스러움들은 본인도 이해하기 어렵다. 커다란 눈에서 슬프지 않아도 눈물이 나고, 눈이 글씨를 여러 개로 보게 하고 또 안 보였다가 어느 날은 내 얼굴을 예쁘게 만들어준다. 늙은 할미에게 이만하면 예쁘지? 하고 말했다가 어느 날은 죽을 상이 되어 거울 보기가 민망스럽다. 쳐다보기도 흉한 거울에 비친 내 얼굴에 외출을 자제하게 만든다. 왜 나는 변덕쟁이가 되었을까. 왜 나는 불평만 하고 사랑받는 여자가 안 되었을까.

아픔의 진실

어려서부터 내가 가장 잘하는 것이 노래인지 알고, 목청 높여 노래 부르고 싶었고 자신 있었는데. 언제부터인가 몸에 병이 생기고부터 신경이 원활히 돌아가지 않는 모든 근육과 활력소에는 알 수 없는 비밀이 있었다. 노래를 잘하고 싶어도 목소리가 나오지 않았고 욕망도 사라져 움츠리고 잠자는 나의 몸속에서 내가 잘하는 것이 아무것도 없었다.

조금 더 살고 싶고 조금 더 능력을 발휘하고 싶어 아파도 일을 하려고 마음가짐 바로 하고 노력을 하려고 하면, 힘든 순간 참고 일하면 아픔도 사라지고 기운이 생겨서 어려운 일을 마감한다. 마음가짐을 강하게 하고 할 수 있다는 자신감 가지고 과거에 했던 일처럼 힘을 내서 하면 조금은 부족한 일을 마무리하고 있다. 마음먹기 마련인 노년의 삶이다. 더 열심히 살기 위해 노력하면 무슨 일이든 할 수 있다.

10년 차 파킨슨 환자로 떨리고 근육이 각자 돌아가고 싶은 자유 갈구하는 것처럼 손이 아프고 떨고 있어도 글을 쓰고 싶은, 글을 써야 뇌를 살릴 수 있을 것 같은 순간순간이다. 가끔 신호등이 켜 있는 횡단보도에서 넘어져 무릎과 손목이 아파도 얼른 일어나 부끄러워하는, 잘 넘어지는 환자라 조심해서 걸어가야 하는 나.

파킨슨 환자의 바람은 조금 아프더라도 횡단보도에서 넘어져 슬픈 미소 짓고 일어나 안 아픈 척 걸어가는 아픔의 진실을 숨기고, 얼마나 가야 할지 알 수 없는 날들이고 아파도 참고 살아야 하는 것이 진실이다.

3부
세상 속에서

바람이 몹시 불던 날

바람이 머물 수 없는 언덕, 평평하게 사방을 볼 수 있는 반도의 하늘과 맞닿은 곳은 바다처럼 넓은 곳이다. 숨길 것도 가릴 곳도 없어 바람도 이곳에 머물지 못하고 있다.

중국의 동쪽 산둥 지방은 넓은 평야이다. 가도 가도 끝이 없는 평원이라 작은 산이 있는 곳이라도 산처럼 보이지 않는 곳이다. 꼭대기에 이르면 산이라고 느끼지만 멀리서, 높은 곳에서 보면 모두 끝없이 펼쳐진 평원이다. 조상이 이런 곳에서 터를 잡고 살았다면 나의 생활은 지금 어땠을까 생각해본다. 땅은 넓지만 생활하기에 적당한 자연의 조건이 될까 생각해보지만, 쉽사리 결론이 나지 않는다.

한국에서는 골프 라운딩 한 번 하려 하면 돈이 많이 들고 그 자리 구하기도 어렵고 보통 사람들이 즐기기 힘들어, 70대 노인들이 중국으로 여행 와서 스트레스도 줄이고 건강을 챙기는 운동을 하고 싶어 여러 명이 중국에서 놀고 있다.

따뜻하고 시원하고 하늘이 맑은 이곳에서 며칠 밤 자고 일어난 날은 갑자기 찬바람이 한국보다 더 강하고 춥다. 언덕에 심어 놓은 코스모스가 활짝 피어 바람에 흔들릴 때 한국에서 코스모스 활짝 핀 모습은 풍성한 가을을 알려주는 꽃이지만 이곳의 꽃은 소박한 아름다움에 미치지 않는 가냘픈 꽃으로 피어있다.

영양소가 더 부족하여 아름다움을 맘껏 발휘할 수 없는 메마른 땅이다. 주변에 나무가 없어 나뭇잎이 떨어지지 않으니 넓은 평원은 거름도 줄 수 없어 꽃은 크지도 못하고 꽃잎도 풍요롭지 못하다. 지금 한국에는 산에 나무도 많고 땅의 토질도 영양이 풍부해 나무도 잘 자라고 나무 잎새들은 바람도 일으켰다가 숨겨주어 늘 따뜻한 자연의 놀이터가 되어준다.

우리의 고향 언덕은 중국의 땅과는 다르다. 그 지평선이 보이는 넓은 땅이 아닌 울퉁불퉁 산이 보이고 숨어 사는 산새처럼 정갈하고 다정하고 애틋하다. 고향의 모습이 여기 중국의 칭다오 지방과 대비된다. 이런 곳에 오면 왜 옛날 우리 조상들은 이런 땅을 차지하지 못했나 하고 한숨 서린 안타까움을 토로하기도 하지만, 우리의 타고난 운명은 비좁은 곳에서도 양지와 음지가 있듯이 숙명처럼 우리에게 주어진 역사적 사명이다.

세계화로 인해 지금 우리 넓고 신비로운 땅을 가진 이웃 국가를 산책하며 들과 산에 자라는 생물들을 보며 이곳 사람들과 소통하고 있다. 여행 일정을 소화해가며 여러 사람과 소통하며, 운동도 하고 수다도 떨고 즐기고 있다. 기회와 비용 절감하기 위해 우리나라에서는 할 수 없는 적은 비용으로 즐기고 운동하고, 절기가 우리나라와 비슷한 이곳에서 일곱 밤을 자면서 하늘에 떠 있는 환한 달도 보며 텃밭에 심겨 있는 배추도 보며, 경계가 그어져 있지 않다면 우리 고향과 다를 바가 전혀 없는 곳이다.

일기 예보에 의하면 한국도 비가 오고 여기도 비가 오고 갑자기 쌀쌀한 바람이 불고 온도가 내려가고 추운 가을이 와서, 온몸이 얼어붙어 버릴 것 같은 근육이 굳어 행동이 자유롭지 못한 것이 거의 비슷하다.

이곳의 자연을 보면서 느낀 것은 중국이 그동안 우리보다 강대국이고 잘 살고 문화도 중국에서 가져와서 살았다면, 현재 지금은 우리나라가 더 세련되고 지적인 것은 분명하다. 더 잘 산다고 할 수 없어도 문화적으로 모든 사람이 생활하는 환경이 우리가 더 고급스럽고 세련되고 넉넉한 생활임은 분명하다. 환경은 수시로 변할 수 있고 앞으로 어떤 세상이 펼쳐질지 우리는 예상할 수 없다. 이웃해 있는 곳에서 서로서로 맘 상하지 않고 즐겁게 잠시 놀다 가고 이곳에서 있었던 일들 오래 기억하며 이 순간을 잊지 않고 살았으면 좋겠다.

여행과 골프의 의미

요즘 글을 쓸 수 없다. 70이 넘은 나는 기억력도 급격히 나빠지고 건강도 안 좋고 갑자기 정력을 소진할 수 있는 열정도 사라졌다. 코로나 이후 여행 가는 것도 겁이 나서 아무 데도 가지 않는다. 그러나 남편 따라 외국인 태국 치앙마이로 골프 여행을 갔다. 남편은 운동을 좋아하는데 특별히 골프를 좋아한다.

지금까지 병원의 신세를 지지 않고 살아가는 것은 틈틈이 운동을 하여 건강한 몸을 유지하는 것이 아닐까 생각한다. 남편이 골프를 좋아하니 옆에 있는 나도 골프에 대해 알게 되었고 남편이 레슨을 해주어 골프를 치게 되었다. 볼이 안 맞을 때 심한 스트레스가 와서 다시는 운동을 하지 않는다고 다짐하지만 또 운동을 한다. 남편과 함께하는 운동이라 장점이 많다. 파킨슨을 앓고 있는 내게도 운동은 도움이 되는 것 같아 조금씩 하다 보니 제법 실력이 늘었다.

무더위 심한 여름 휴가, 결혼식 기념일을 끼고 해외에 나와서 운동하는 동안 태국 치앙마이의 날씨는 한국의 더위보다 덜 덥고 견디기 쉬운 날씨라는 걸 알았다. 태국의 탁월한 자연환경은 경이롭고 칭찬할 만지만 노래하고 싶지 않다. 그냥 즐기며 운동을 하고 있는 것이다. 내 고향 산천이 아닌 외국 땅은 가슴을 자극 시키거나 감동을 주는 절묘한 아름다움이 없다. 새 소리 끊임없이 들려오고 푸른 녹음이 절정인 골프장과 아름다운 미소가 가득한 사람들이 있어도 내 고향 산천과 다르다.

좋은 환경에서 운동을 하여도 한 줄의 글도 쓸 수 없는 낯선 남의 나라이다. 글이란 억지로 써지지 않는다. 마음을 움직이는 시선! 가슴속에서 꿈틀거리는 욕망이 없다면 글은 써지지 않는다. 흠잡을 것 없는 외국의 골프장에서 즐기고 있어도 글을 쓸 수가 없다. 한국의 경치와 사람들이 그냥 좋다.

치앙마이 골프여행

치앙마이로 골프 여행을 갔다. 남편이 물려받은 유산으로 가장 먼저 한 것이 저렴한 골프 회원권을 산 일이다. 늘 몸이 불편하여 힘든 말을 하는 나를 보고 살아야 하는 사람이기에 겨울이나 여름에 한 달씩이라도 편한 곳에서 살자고 준비했다. 올해 여름 휴가는 그곳이 세 번째 여행이다.

그동안 일주일만 가서 있었기 때문에 거의 36홀을 치며 놀았다. 이번 여행은 2주일 했기 때문에 27홀을 기약하고 정형외과 진통제 처방받아 준비해 갔다. 첫날 아침 카트 타고 가는 시원한 바람은 가슴속까지 시원하게 했다. 얼굴에 와 닿는 시원한 바람이 톡 튈 만큼 상큼하다. 더운 나라가 이렇게 시원할 수 있다니 신기하다.

그 지역도 올해는 비가 많이 왔다. 안 오는 날이 없는 것 같다. 아침부터 하늘에 구름이 걸쳐 있어 햇빛은 나오지 않고 가끔 비가 더 많이 온다. 그래서 시원하다. 진통제를 먹어서인지 27홀 거뜬히 했다. 좀 창피한 얘기지만 난 한국에서 골프 필드에 전혀 나가지 않았다. 작년에 여기 다녀온 후 정리한 후 5달 만에 처음 골프 운동을 하는 거라 엉망이다. 잘 맞을 리 없었다.

여기 골프장은 1인 1캐디 1카트라 혼자서도 골프 운동할 수 있다. 캐디도 늘 같은 캐디로 가자고 할 수 있다. 몇 년 전의 태국 캐디가 아니다. 공 닦는 수건도 깨끗한 캐디는 아침마다 물 한 병 갖다 놓아주어 이게 뭐야 했더니 버디 했다고 20바트 준 돈으로 물 한 병을 사준다. 물도 20바트다.

그리고 우리 캐디는 용과도 사과도 마트에서 사다가 깎아서 준다. 옥수수도 얻어먹고 골프장에 많이 달려 있는 과일도 매일 따서 주었다. 남편은 그 과일을 먹으면 목이 시원하다고 잘 먹으니 캐디는 매일 그걸 따다 주었다.

집에 와서 몸살이 난 것처럼 아파 진통제 먹었다. 너무 욕심을 낸 건지 내 몸에 한계가 있는 건지….

남당리 다녀오며

남편이 올해가 다 가기 전 남당리에서 모임을 하자고 하여 초등학교 친구 세 가족과 홀로 멋지게 온 친구와 일곱 명이 반짝이는 해를 보고 청주에서 날씨 좋구나 하고 떠났는데, 서해안 바닷가에 도착해 보니 한 방울씩 떨어지는 빗방울과 쌀쌀한 초겨울 날씨는 마지막 가을을 알리는 쓸쓸한 허전함이 가슴을 휘감는 바람이 옷깃을 파고들어 더욱 스산하다.

남당리 사람들 가게에서는 그날 김장한다고 가게마다 절임 배추가 통 안에 가득하다. 속이 노란 배추를 큰 통에다 절이고 있다. 몇 포기냐고 물어보니 400포기라고 한다. 옛날 서울 고시원에서 우리도 300~400포기씩 김장 담그던 옛 사람들이 생각나 눈시울이 젖는다.

지난 시절 가슴에 떠올리지 않아도 이제 기능이 다 하여 찬바람 스치면 눈물이 맺히는 노안이라 눈물이 어릴 때보다 더 흔해졌다. 어릴 때는 울고 싶을 때만 울었던 눈물인데 지금은 조절이 불가하여 외부의 차가운 공기만 스쳐도 눈물이 나온다. 가슴에 쌓였던 슬픔이 함께 쏟아져 나온다면 속이라도 후련할 텐데 애잔한 과거의 속 아린 아픔은 가슴 한켠에 있다.

시끌벅적했던 식당은 한산했다. 변해가는 세상 인심 속에 친구들의 인심도 함께 변해가는 서로를 바라보며, 이제 나이 들어 제대로 먹지 못하고 있는 모습 서로 바라보면서 늙었음을 한탄했다. 여기에 오지 못하는 친구들 걱정하기보다 초라하게 늙어가는 서로의 모습 바라보면서 아픈 가슴을 어디든 갈 수 있는 바다에 날려 보냈다.

바닷물이 빠진 담담한 바닷가는 어느 선에 둘러싸여 있는 마을 같았다. 단단하고 포근하게 안전한 가림막으로 쌓여 있듯이 포대기에 쌓여 있는 아기처럼 바다 재해가 전혀 없을 것 같은 편안한 물결이 일렁거리는 바다이다.

풍만한 식사 끝내고 언덕 위의 카페에서 잠시 꽃 보며 차 마시며 쉬었다 왔는데 그 카페의 소박한 노란 의자가 기억에 남는다. 노년의 이야기를 불평없이 받아준 노란 의자 고맙다. 남당리 먼 길 마다않고 달려와 준 그대들. 바다 냄새 맛보며, 멀리 출렁이는 바닷물결들이 괴롭고 아픈 일은 떠나보내고 새날 새 희망 맞이하자고 속삭이는 바람결이 풍만한 언덕 위의 노란 찻집. 노란 의자에 앉아 산새처럼 속삭이게 해준 시간을 준비해준 먼 데서 온 손님. 기다림의 여유가 잠시 어지럽고 골치 아픈 현실을 떠나있게 했다. 곧 자기의 갈 길 대로 떠날 준비를 하지만 이곳에서 한나절 짝꿍들과 어울려 똑같은 공기를 나눠 마시며 똑같은 멋진 경치의 속삭임을 맛보며 다음에 더 큰 꿈을 가질 수 있는 여유를 준 친구들, 영원히 간직해야 될 우리의 사랑!

8월의 휴가

에너지가 많이 소모되는 달이다. 태풍, 홍수, 찜통더위… 잠시 일을 멈추고 휴식의 시간을 갖는 달이다. 70이 넘어선 지금 매일 사건이 많다. 자식들의 잔걱정, 또, 매끄럽지 못한 점점 소진해 가는 우리의 삶은 아픔과 함께 온다. 늙는다는 것은 아픔을 알게 하는 것이다. 우린 늘 건강하고 잘 살 줄 알았지만 육체의 각각의 부위는 조금씩 망가져 고통스럽다.

참고 견디는 고통은 습관처럼 반복되다 보면 늘 기도하고 약을 먹어 아픔에 길들여지면 아픔은 잊혀질 것이다. 아파도 참아낼 수 있는 여유가 오면 몸이 변형되어도 아픔을 잊은 채 살아가는 것이다.

오랜만에 2주의 휴가로 치앙마이에서 남편과 둘이 골프 운동하며 지냈다. 카트 타고 움직일 때 시원하고 상쾌한 바람은 잊을 수 없다. 2주 동안 운동한 건지 놀다 온 건지 구분 못 해도 더운 여름을 잘 지내고 돌아왔다. 여정이 무사히 끝나고 보통의 일상들이 시작될 때 하늘의 신께, 조상님께, 부처님께 감사의 기도 올린다. 어릴 때 다녔던 교회의 하나님, 예수님께도….

집에 돌아와 긴장이 풀려서인지 온몸의 근육과 뼈마디 관절과 허리가 너무 아팠다. 활동하기가 어려울 만큼 한 열흘은 콕콕 쑤시듯 팔다리가 아프다. 그동안 하지 않던 운동을 한꺼번에 그리 많이 했으니 안 아플 리 없다. 내가 견딜 수 있는 몸의 한계 느끼고 싶어 27홀씩 돌았다. 쓰러져 다시 운동을 하지 못하게 되더라도 나를 실험해 보고 싶었다.

아직은 견딜 수 있을 것 같다. 다시 또 이런 날이 온다면 몸을 생각지 않고 열심히 운동을 할 것이다. 몸은 아파도 아직은 내가 이런 활동에 참가하고 견딜 수 있다고 믿음이 가니 마음속 어디에선가 애정이 솟아난다. 내 자신을 더 사랑하자!

베니스 수상 택시

베니스의 뱃길은 잔잔하고 황홀해서 몇 번이고 꿈에 가보고 싶은 곳, 전설이 수없이 묻어난 건물들, 사랑과 역사가 수없이 반복돼 새로운 문화가 창조되고 사그러진 진실된 사랑의 눈물이 바닷물이 되고, 쓸쓸한 마음을 부셔버리고 멋진 아름다움을 끊임없이 이어주는 곳.

베니스에서 사랑하는 그대와 진한 눈맞춤의 키스로 다시 찾아온 환희에 대신하고 수상 택시에 몸을 맡기고 베니스의 곳곳의 바람결 맞이하면 먼곳에서 날아온 철새가 된다.

괴로운 아픔과 잊지못할 사연이 있어 병이 될 것이라면 가슴속 깊이 들어가 아픔을 쪼개어 파괴하는 찬바람, 슬픈 바람 기도하는 간절한 소원은 마음속 고통을 거두어 가소서. 그곳 하늘에서 보고 있을 그리운 이들이여, 잊지 못하고 슬퍼하는 잠재된 고통을 잊게 하소서.

찬바람이 기관지를 습격하여 몸이 저리도록 슬픔의 찬공기 마시고 여행이 끝나도록 광란의 질주로 여행을 마무리해준 수상택시, 몸속으로 파고든 찬바람이 몸을 아프게 해도 마음의 길을 열어준 미련없는 슬픔을 떨군 시원하고 잔혹한 바람. 베니스의 역사가 끝없이 고요한 눈 속으로 되새김질하며 잊을 수 없는 그곳 그리움

- 봄(2016년 2.20~3.1) 여행을 생각하며

백두산의 엉겅퀴

비룡 폭포물이 흘러내려 냇물이 흐르고
화산의 김이 모락모락 피어오르는
주위의 언덕에
잡초처럼 자라 피어있는 엉겅퀴
가시도 없고 억센 줄기도 부드럽게 자라고
꽃의 끈적한 진액도 묻어나지 않고

소담스런 꽃송이도 아닌 갈래갈래 찢어져
피어있는 엉겅퀴

환경에 적응하여 꽃의 모습이
변해버린듯 해도
핑크빛 감도는 보라색 향을 간직한
꽃의 원형은 간직하고 있어
조선족 삶이 우리와 다르다 해도
민족의 뿌리는 같음을
보여주는 백두산의 엉겅퀴

백두산 정원

울창한 원시림 숲을 지나 산 위를 자꾸 오르다 보면
넓은 벌판을 만난다

해발 이천미터 가까운 고지에 그루의 나무가 있고
키작은 야생화가 펼쳐져 있는 낙원
유독 야생화가 선명하게 피어
춤을 추는 구름에서 누워보았으면

그 곳에서 바람소리 들으며
사랑하는 사람과 속삭여 보았으면

멀리서 보면 평화로운 사랑과 영원한 희망의 기운이 흐르고
아름다운 천사 사슴들이 놀다가는 곳

이곳에 백두산 정계비 세워져 우리의 땅임을 알린 곳이나
지금은 남의 나라 땅이니
마음대로 올 수도 없고 바라보기만 해야하고
평화로운 정경을 마음에 담아갈 수 없는 아픔이 있다

뒤돌아 서면 서글픈 생각에 눈물이 나는
백두산 정원

천지에서 하늘을 보다

2008.8.9. 아침. 백두산 여행이 기대되는 아침이다. 발을 다쳐서 완쾌되지 않아 많이 걷게 되면 무리가 올지도 몰라 무척 망설였는데, 건영 씨가 얼마 걷지 않는다고 해서 결정한 여행이다. 백두산에서 나의 소원을 빌고 싶다. 천지가 보이는 곳에서 하늘을 보고 싶다.

잠은 잘 오지 않았다. 남편과 나란히 공항 버스에 올라타서 노선을 따라 밖을 내다보는 것도 즐겁다. 공항에 도착해보니 친구 일행이 다 와있었다. 수속을 마치고 에스컬레이터를 타고 한층 내려와서 아침 비빔밥을 시켜 먹었다. 양이 많아 다 먹을 수 없다. 비행기 타는 곳으로 들어가서 면세점에 들러 나는 루즈 한 개만 샀다. 그리고 경전철을 타고 비행기 타는 곳으로 갔다.

가끔 일 년에 한두 번 가는 여행이지만 여행은 지나간 생을 몇 번 되돌려 놓은 듯하다. 공연히 수다도 떨고 싶고 낯익은 얼굴들 마주치는 모습도 신바람이 난다. 여행이 치매 예방에도 좋으리라는 생각이 든다. 즐겁고, 꿈을 재생시켜주고 사는 즐거움을 확인시켜주고 있기 때문이다. 비행기에 올라타서 창문으로 밖을 내다보면 나는 한 마리의 새가 되어있다. 이륙하기 위해 준비하는 엔진 소리는 가슴을 벅차게 하고 상상하는 영화의 주인공이 되기도 한다. 새는 날아오른다. 거칠지 않고 부드럽게. 비행기 안의 사람들의 숨소리가 멈추고 지휘자의 손을 바라보고 있는 순간처럼 긴장되고 날개가 펴지며 하늘을 오른다.

우리는 다롄에 도착했다. 다롄에 도착해서 비행기를 갈아타는데 시간이 많이 남아 다롄 해변가와 공원을 관광했다. 세계 어느 도시에 뒤지지 않게 발달하고 잘 가꾸어진 도시이다. 높은 건물도 많다. 돈 많은 사람들이 산다는 해변가 언덕에 별장들도 보았다. 다롄에서 선양으로 가기 위해 공항으로 갔다. 비행기를 타고 두 시간 가까이 가니 옌지에 도착했다. 우리 민족 사람들이 많이 살고 있는 옌지 시이다. 불과 몇 년 사이에 많이 발전했다고 한다. 가이드도 옌지에 살고 있는 한민족(조선족)이다. 조선족 집과 중국인 집이 다르다.

백두산 가는 길

2008.8.10. 백두산을 가기 위해서는 버스를 타고 6시간 동안 이동해야 한다. 광활한 땅이라는 게 실감 난다. 백두산을 가는 길은 완만한 고속도로라기보다는 우리나라 시골길 같았지만 그래도 최근에 개통된 것이라 좋은 편이라고 한다. 창밖에는 벌판이 펼쳐져 있다. 벼를 재배하는 논은 보이지 않고 옥수수, 콩, 팥 등이 정성스럽게 가꾸어져 잘 자라고 있다. 농가는 몇 채만 보이는데 농작물은 계속 펼쳐져 있어 신기롭다. 조선족이 거주하는 집과 중국 사람의 집이 다르다고 했다. 조선족의 집은 옛날 시골집에서 보았던 기와로 올린 옛집이다.

옌지에서 백두산에 가는 거리만 해도 서울에서 대구까지의 거리와 비슷한 것 같다. 커다란 땅 위에 부여, 고구려가 이 땅을 누비며 이곳에서 내 영토임을 확인했음을 생각하면 가슴이 불타오른다. 나의 조상 내 민족이여! 백두산은 점점 가까워져 간다. 산에는 우람한 나무들로 가득 차 있고 신선하고 향기 좋은 공기는 코끝을 자극한다. 옛날로 되돌아가 이 땅이 우리 영토이던 그날로 돌아가 오늘을 보내고 싶다. 백두산을 마르고 닳도록 노래 부르고 가슴으로 생각하고 살아왔건만 나는 반백년이 훨씬 지난 다음에 남의 땅을 거쳐가고 있다. 백두산에서 발원한다는 작은 냇물도 보았다. 백하(白河)를 가로지르는 냇가이다. 쭉 뻗은 소나무를 보니 경복궁의 기둥이 생각난다.

장백산 입구에 다다랐을 때 우리는 함성을 질렀다. 웅장한 저 산이며, 자태에 자못 옷깃을 여민다. 백두산을 중국 사람들은 장백산이라 부른다. 통제된 구역이라 마음대로 올라가는 것이 아니라 줄을 서고 기다려야 했다. 주의사항을 많이 듣고 온 유치원생처럼 일행은 이탈하지 않고 잘 따랐다. 백두산은 걸어가는 것이 아니라 짚차를 타고 오른단다. 일제인 이 차는 여섯 명을 태우고 포장된 산길로 재빠르게 달린다. 꼬불꼬불한 길은 손잡이를 잡고 있어도 옆 사람에게 쏠리게 하고 긴장하게 한다. 손님을 태운 짚차는 연신 올라가고 내려온다.

산에는 잡목들이 무성하다. 돌산은 아닌 듯하다. 한참을 오르는데 안개가 자욱하여 앞이 보이지 않는다. 백두산은 변화가 심해서 활짝 개였다가도 금방 구름이 몰려와 비를 뿌리고 구름이 잔뜩 끼면 백두산이나 천지도 구경할 수 없다 한다. 은근히 걱정도 되고 쏜살같이 내려오는 앞에 보이는 짚차도 근심거리이다. 차 액셀을 밟을 때 차는 연기를 내고 속력을 다해서 달리는 차를 보니 편안히 오는 것은 감사하지만 자연이 훼손되는 것 같아 마음이 무거워진다.

이런 생각을 할 즈음, 구름은 누가 걷어내기라도 한 듯 비껴가고 맑고 푸른 하늘이 보인다. 백두산 정상도 보인다. 백두산이 영산은 확실한가 보다. 오천 년 동안 한민족 가슴에 뿌리내려 누가 가르쳐주지 않아도 대한민국 국민이라면 백두산에 가보고 싶고 정상에 올라가고 싶어 한다. 가파르게 오르다 보면 잡목 군락지가 끝나고 초원이 펼쳐진다. 2,300m, 나무가 자랄 수 없는 곳에 이르면 작은 풀들이 자라고 이름 모를 꽃이 많이 피어있다. 이끼류와 잡풀이 간신히 평형을 유지하려고 바람을 따라 흔들리는 모습은 안쓰럽다.

짚차가 정상 주차장에 내려주었을 때 그곳에는 공사를 하고 있었다. 무엇을 짓기 위한 공사인지 알 수 없지만 자연 환경 보호론자의 입장에서 보면 논란거리가 될 것 같다. 백두산 꼭대기 2,744m에는 풀이 못 자란다. 바람이 심해 흙먼지가 날고 씨앗이 싹을 틔울 터전을 마련해주지 않나 보다. 바람이 세차고 볕은 따갑다. 조금 흙길을 걸어 올라가니 천지가 보인다.

하늘과 맞닿아서 하늘처럼 파란 잔물결이 일렁이는 호수가 보인다. 한숨을 토해내고 울고 싶어진다. 멀고 먼 높은 백두산에 올라온 감격이 두 손을 모아 기도하게 한다. 우리나라가 강한 나라가 되고 국민 모두 정신적인 부를 느끼고 잘 살 수 있게 해달라고 빌었다. 그리고 나의 아들 딸들 취직하고 좋은 인연 만나서 소원 성취 해달라고 빌었다.

천지의 둘레는 13km나 된다고 했다. 북한 지역은 금지 구역이었다. 마오쩌둥도 백두산에 세 번 오르고서 천지를 보았다고 비석이 세워져 있다. 몇 번을 봐도 구름이 많아 천지를 보지 못하는 경우도 많다고 하는데 우리 일행은 한 번만에 천지를 보았으니 큰 행운을 거머쥔 것이다. 백두산은 웅장하고 오묘하고 힘차게 뻗어있다. 정상 옆의 봉우리들은 날카롭게 깎여있고 가파른 골짜기를 만들고 있다. 사방을 꼼꼼히 둘러보면 이런 모습의 산은 처음 보는 것이며 감동을 준다.

백두산을 내려올 때도 짚차를 타고 내려왔다. 운전기사는 가파르고 꼬불꼬불한 산길을 곧잘 달렸다. 주차장에 내려왔을 때 살았다고 안도의 숨을 쉬었다. 걸어 나오는데 길 옆에 아주머니가 무언가 팔고 있어 쳐다보니 인절미였다. 떡메도 있고 아주머니는 조선족이었다.

버스를 타고 장백폭포를 보러 간다고 했다. 장백폭포는 백두산 천지의 물이 어디에선가 땅에서 솟아 나온단다. 비가 안 와도 물이 줄지 않는단다. 옛날 화산 폭발이 있을 때 약해진 부분으로 물이 흘러 폭포가 되었다고 한다. 폭포를 보러 가는 길에 여관이 있는데 한국 사람이 운영하는 것인데 자연 유산으로 등록하기 위해 철거하려고 하는데 아직 안 나가고 있다 한다. 그 전에는 이 여관에서 숙박도 했지만 길을 높이고 차를 금지해서 여관 앞에 차를 댈 수가 없어 손님이 오지 않고 간신히 온천 손님들로 운영하고 있다고 한다.

노천 온천은 김이 나고 유황 온천이라 냇가는 누렇다. 폭포에서 흘러나온 물이 흐르고 바위틈에서 뜨거운 온천수가 솟아난다. 달걀이 반숙도 된다. 갑자기 비가 쏟아졌다. 얼마 전에 큰 비가 와서 폭포 가는 길이 무너져 폭포의 물소리를 가까이에서 들을 수 없다. 멀리 떨어지는 장엄한 물을 바라보고 힘있게 들려오는 폭포 소리를 들을 수 있었다. 천지에서 흘러나온 물을 만져보고 싶어 신을 벗고 발을 담갔다. 물은 미지근하다. 부드럽고 내 발을 감싸 안는다. 이방인이라고 밀쳐내지 않고 받아주는 폭포수이다.

도문시 두만강

8월 뜨거운 태양이 출렁인다. 낯설지 않게 느껴지는, 닮아있는 사람들이 살고 있는 두만강의 잔잔한 물결도 바람 따라 출렁인다. 8월 강물은 누런색이고, 폭이 넓지 않은 강에는 물이 넘칠 듯 찰랑거린다.

대나무 뗏목배에 대나무 양산을 쓰고 대나무 의자에 앉아 두만강을 유유히 노 저어 가면 가보고 싶은 그곳이 바로 여기인데 북한 땅이라 갈 수 없다.

뱃사공은 일제 시대 때 파주에서 떠밀려와 정착한 이민 2세이다. 하루 종일 노 저어 번 노임이 30위안(우리나라 돈으로 약 3,000원이며 이는 2008년 8월 여행 당시의 환율이었다)이라는 사공의 이야기 들으며, 두만강보다 세 배 이상 넓을 것 같은 한강의 잔잔한 평화로움을 상상한다. 한강보다 깊지 않은 두만강 물속을 바라보고 끊임없이 말하고 싶어 하는 사공의 노래처럼 두만강도 한이 서린 주름살을 펴 보이기 위해 강물의 여울이 있는 곳에서 진동을 일으켜 속삭여준다. 북한 주민처럼 가보고 싶어 하는 곳으로 가기 위해서 바다로 얼른 가자고 재촉한다.

어디서 본 듯한 얼굴을 보노라면 강물과 속삭이고 싶다.

정자나 위락 시설이 전혀 없는 2008년 8월 여름의 두만강 변에, 햇볕만 겨우 가린 천막 밑에 시원한 바람이 그리운 사람들의 마음을 달래준다. 그리운 고향 맛을 알고 있는 북어포에 막걸리 한 잔 컵에 따라 잔물결치는 막걸리의 한숨 들어갈 때, 두만강은 햇빛을 반사시키며 노래하고 있는 의미가 무엇인지 기억하며 눈빛으로, 눈빛으로 펼쳐 알게 해준다.

하롱베이를 가다

올겨울은 큰 추위가 없다. 신림동에는 못 갔지만 여행을 가기 위해서는 집안 정리를 해야 했다. 냉장고에 있는 반찬들을 챙기고 청소를 했다. 이렇게 해 놓아도 아이들은 먹지를 않는다. 하지만 부모의 마음이란 먹지 않을 거라는 것을 알면서도 준비를 해야 한다. 계단과 복도도 깨끗하게 청소하고 재활용과 쓰레기도 정리한 후에야 청주에 내려왔다.

여행을 하기 전에는 준비할 것이 참 많다. 통장, 카드값, 대출이자 등을 챙겨야 한다. 청주에 와서도 마음이 번거롭다. 바쁜 와중에도 골프 연습장에 가서 공을 쳤다. 코치가 골프공을 똑바로 쳐다보고 있어야 한다고 이야기를 했다. 골프공뿐만이 아니다. 일상에서도 똑바로 봐야 한다. 집에 와서 빼놓은 게 없는지 여행 준비 한 것을 다 주섬주섬 뒤진다. 잠자리에 누워서 잠을 자려 해도 잠이 오지 않는다. 걱정해야 할 일이 많다. 15일 날 베트남에서 돌아오면 아들의 오피스텔 잔금을 맞춰줘야 한다. 새벽이 되어도 잠은 오지 않는다. 여섯 시에 일어나 다시 준비를 하고 정리를 했다.

공항에 여덟 시에 도착을 했다. 청주공항에서 아침을 먹지 않고 열 시 베트남 비행기를 탔다. 배가 많이 고팠다. 여자들은 비즈니스 석이었다. 남자들은 일반석이라 불편했을 것이다. 네 시간 반 만에 베트남에 도착했다. 베트남과 한국 시간은 두 시간의 오차가 있다. 공항에서 내려 버스를 탔는데 현대 버스다. 지나가는 택시는 마티즈다. 우리나라 차가 다니는 걸 보니 마음은 놓이고 기분도 좋았다.

공항에서 하롱베이로 갔다. 고속도로라 하지만 자전거, 오토바이들이 수없이 다니고 동물(소나 오리)들이 있으면 동물들도 피해 다녀야 하기 때문에 시간이 오래 걸렸다. 배는 고픈데 휴게소가 없어 사 먹을 것이 없었다. 한 시간 반이 지나 휴게소에 당도했다. 쌀국수를 주는데 향이 강해 먹지 못하는 사람이 많았지만 나는 건더기를 다 먹었다. 화장실에 가려고 해도 노출되어 있어 사람들이 쳐다본다고 일을 보지 못했다고 하여 옆 건물의 화장실을 이용했다. 그곳은 특산품을 파는 곳인데 화장실이 그런대로 볼만하였다. 하롱베이로 가는 데 세 시간이 넘게 걸렸다. 길가에 과일을 파는 사람이 많았다. 오렌지는 당분이 많았고 육즙도 많다.

호텔은 사이공 호텔이었는데 개장한 지 얼마 안 되어 깨끗하고 넓었다. 우리 팀은 모두 바닷가가 보이는 쪽으로 방을 잡았다. 넓은 방과 탁 트인 시야, 또 깨끗한 새 타월 등 호텔은 일류급이었다. 호텔에서 씻은 뒤 밖으로 나와 저녁을 먹었는데 밥상은 초라했다. 여행은 집 안의 걱정을 털어버리고 새로운 환경에 적응해 즐기다 보면 더없이 행복하다. 걱정과 불안은 어느덧 사라졌다. 일상을 벗어나니 좋았다. 마음과 몸이 한결 가벼웠다.

골프, 유람선을 타다

네 시 반에 일어나 세수하고 다섯 시에 아침밥을 먹으러 갔다. 야채와 계란, 과일, 밥을 조금 먹었다. 방에 들어와 골프 갈 준비를 하고 여섯 시에 출발했다. 골프장까지의 거리는 한 시간 반이 더 걸린다고 했다. 베트남 사람들은 부지런한가 보다. 책가방 없이 자전거로 학교를 가는 학생이 많이 보였다. 공부를 잘하면 목에 빨간 마후라를 두른다고 했다.

길가에 있는 집들은 인구가 갑자기 늘어나서 집과 터가 부족했기 때문에 길에 접해 있는 집은 좁고 길었다. 먹고 살기 위해 일 층에서 장사해서 먹고 살라고 이 층, 삼 층으로 좁게 지어 올렸단다. 사람들 얼굴은 한국 사람과 비슷하고 길가에 서 있는 여인들의 얼굴에 여유가 있어 보였다.

칠랜스타 골프장에 일곱 시 삼십 분에 도착하여 골프를 쳤다. 골프장은 잔디도 좋고 아이들도 태국보다 영어도 잘하고 배운 아이들 같았다. 골프장에 있는 연못에 고기가 많다. 베트남은 공해가 없고 농약을 치지 않는 나라라는 게 확실했다. 캐디들은 경쟁할 줄 알고 신나게 분위기 맞추는 아이들을 만나 즐겁게 놀았다. 점심은 골프장 식당에서 비빔밥을 먹었다. 배가 고파서 고추장을 듬뿍 넣어 비벼 먹었다. 골프장에서 하롱베이로 돌아왔다.

오늘은 삼천여 개의 섬이 있는 하롱베이로 관광을 하는 날이다. 모두 베트남 모자를 일 달러에 두 개를 샀다. 모자를 쓰고 유람선에 탔다. 섬들은 끝없이 이어지고 바닷물은 잔잔했다. 선장은 한국 사람을 위해 특별히 70~80년대 음악을 틀어주었다. 석회암의 기이한 현상이 감탄을 자아내게 한다.

하롱베이 입구에서는 베트남의 발전을 위해 시멘트가 모자라기 때문에 산을 허물고 석회석을 채취하는 모습에 모두 안타까워했다. 우리나라 같이 납작하고 둥근 섬이 아니라 베트남 섬은 뾰족하고 나무는 자라도 사람은 살 수 없고 경작지로는 전혀 쓸 수 없다. 한참을 가다 보니 수상가옥이 있었다. 수상가옥에 사는 아이들은 전혀 공부를 배울 수 없고, 유아 시절에는 발을 끈으로 묶어 놓지 않으면 아이들이 없어지기 때문에 잠 잘 때는 끈으로 발을 묶고 잔다고 했다.

수상가옥에서는 도다리, 새우, 게, 가재들을 팔고 있어 생선을 먹기로 했다. 유람선에는 간단히 요리할 수 있는 시설이 있어 생선을 사다가 요리해 주었다. 유람선이 다가오자 과일 파는 배들이 몇 척 모여왔다. 나는 아이들이 세 명이 타고 온 배에 시선이 갔다. 유치원이나 초등학교 일, 이 학년 정도의 아이들이 바나나, 망고, 토마토 등 몇 가지를 갖고 와서 한 바구니에 이 달러라고 소리치는 아이를 보니 영특해 보였다. 망고를 이 달러에 샀다. 맛있는 생선도 먹고 기념사진도 찍고 노래도 부르고 즐거운 시간이 흘렀다. 달빛이 흐르는 은은한 밤에 술잔을 기울이며 배를 타고 가는 이두보의 시가 생각났다.

그리스 산토리니

항구에서 바라다 보이는 언덕. 작아지는 듯 곧 무너질 듯한 오래된 지층이 융기한 계곡. 귀한 보물은 어딘가에 숨겨져 보이지 않고, 마음만 서둘러 다가가고픈 순간.

꼬불꼬불 절벽길을 버스로 오르다 보면 보이기 시작하는 곳, 하얀 언덕, 하얀 집들, 감탄하고 싶어라.

극한 상황을 아름다운 천혜의 자원으로 신의 재주로 꾸며 놓은 듯한 아기자기하고 정성이 가득 담겨있는 집들! 하얀색으로 칠해진 집들, 길, 외부 목욕탕 등 온통 깨끗한 흰색으로, 받아놓은 욕조의 물은 눈이 시린 하늘색이다. 조상들의 지혜가 빛나고 영광스럽다. 순백색이라 눈이 부시게 반사되고 있는 건물들.

눈 속에 담아 가고파 점점 다가오는 떠날 시간에 산토리니를 기억하고 싶은 사랑의 흔적 숨기고, 하얀색의 담벼락에 기대 둘러봐도 먼지 하나 없는 거센 바람이 몰아치는 언덕. 걸레질하는 아가씨의 수고는 먼지 하나 없는 산토리니로 자리매김하고, 산토리니는 하얀 면사포 쓴 신부이다.

청결한 마음가짐으로 늘 깨끗한 청순한 이미지보다 더 원초적 본능의 욕구를 자극하는 사람들의 노력으로 이루어 놓은 보물섬.

사랑하고 싶고 널리 알리고 싶은 산토리니. 순수한 순백색의 집들과 담벼락과 내려다보이는 가을 바다와 강한 햇살이 넘실거리고, 여행객들의 가슴과 눈빛이 사랑과 희망으로 넘실거리고 있다.

여행을 끝낸 후

7박 9일의 그리스 여행은 특별한 시험이었다. 이번 여행을 하고 나서 계속 아프면 다시는 여행을 가지 않으리라 생각하고 시험 여행을 한 것이다. 여행하는 동안 별 걱정 없었고 아픈 곳도 심하지 않았지만 목 기침을 했다. 맑은 콧물처럼 점액이 나오는 기침… 기관지가 늙어서 적응하는 것이 어려워서인지 냄새나 가스 같은 것이 조금만 있어도 기침이 나왔다. 다음에 여행을 할 수 있는 기회를 준 여행이었다.

집에 왔더니 할 일이 많았다. 팔도 떨리고 몸도 안 좋아서 남편 따라 청주에 가서 골프 연습장에 나가 공을 쳤더니 좋은 것 같았다. 몸의 떨림이 심했었는데 어제그제 화양동 갔다 오는데 걷는 데 기분이 좋았다. 유난히 갑자기 좋아진 건데 왜? 한참 생각해 보았다. 이유는 염색과 퍼머 할 기간이 지났는데 하지 않았다. 염색약과 파마약이 신경계를 교란시켜 그동안 몸이 안 좋았던 건 아닐까?

아프다고 활동하는 것을 자제하는 것보다 무슨 일이든 닥치면 해결하고 적극적으로 대응하는 것이 살아가는 방법인가 보다. 몸속에 있는 DNA가 자극을 받을 수 있는 것이 병의 원인이라면 염색과 퍼머를 하지 않겠다.

지금도 왼손 엄지손가락은 출렁인다. 화학 물질을 신경계에 연결된 내 몸의 일부에 반응시켜 병이 생겼다고 의심해본다면 다시는 하지 말아야 될 것을,

그런데 더 예쁜 모습으로 살고 싶은 욕망은 건강에 해롭다고 말을 해줘도 그걸 자꾸만 하게 된다. 아직은 겉모습이 보기 흉해서 친구들이 모여 있을 때 입방아에 오르내리는 그런 사람이 되고 싶지 않다. "많이 예뻐졌어." 이 말이 듣고 싶다.

치앙마이에서 지인과의 골프

태국 치앙마이 골프장에 오간 지 이제 3년이 되어 간다. 그 골프장은 처음에는 1인이 쳐도 되고 2인이 쳐도 말 안 했다. 그런데 지난겨울부터 아침 일찍 치는 조는 4명이 나가는 것을 원칙으로 정하여 일찍 안 나가게 되면 밀리게 되었다. 18홀 치고 쉬기를 원하는 사람은 골프장 규칙에 따라야 했기 때문에 낯선 사람과 조우했다.

잠깐 동안에 존경할 만한 선배 동반자를 만나 골프를 치게 되었다. 처음에는 어색했으나 시간이 흐르면서 그 선배분들의 장점을 알게 되어 재미있고 그분들과 함께 라운딩 하는 것이 기다려졌다. 공무원으로 정년을 했다는 선배님의 장점은 내가 실수해도 볼이 잘 안 맞아도 잘했다고 칭찬을 해주신다.

솔직히 고백하면 작년도 올해도 나는 국내에서는 골프장에 가지 않았다. 작년 거제도 골프장에서 2박 3일 친 거 외에는 한 번도 못 나갔다. 아니 작년 가을에 중국 칭다오에서 일주일간 매일 27홀 친 것이 전부였고 12월 중순에 태국 골프장에 간 것이다. 골프장에 골프를 치러 가기 위해서는 연습도 하고 국내 골프도 다니며 동반자에게 실례가 되지 않도록 골프 치는 자세와 실력을 갖추는 것이 예의인 걸 알지만 어쩔 수 없는 이유가 있었다.

남편과 나는 요즘 골프장에 갈 수 없는 이유가 있다. 지금 그 이유를 밝힐 수 없지만 나이가 먹다 보니 회원권이 있어도 컴퓨터로 부킹을 못해서 누가 초대를 해주지 않으면 갈 기회가 없으니 회원권을 반납했고, 더구나 나는 골프 치는 친구들이 없어 골프를 즐겨하지 않지만 다만 남편이 해외로 골프를 치러 갈 때에는 동행한다. 그러면 그렇게 쳐서 잘 칠 수 있을까? 뿌린 대로 거두리라라는 말이 있듯이 실은 연습 안 하고 골프 잘 친다는 것은 있을 수 없는 일이다. 허지만 국내외에서 라운딩 할 수 있는 조건에 충족할 수 없는 여유가 없는 삶은 골프를 잘 치게 하지 않았다.

사람들은 꾸준히 연습해야만 잘 칠 수 있다고 한다. 젊은 시절에 친구들이랑 라운딩 할 때 잘못 치면 스트레스를 많이 받아 그만둘까 갈등하다가, 어느 날 파킨슨병이 있다는 진단을 받고 그나마 더 못하면 친구들이 안 불러줄까 봐 열심히 연습했다. 연습장을 따라다니고 방 안에서도 폼을 연습했다. 정말 그렇게 하니 다른 사람들만큼 거리도 나고 실력도 늘었다.

몸을 쓰지 못했던 나는 지금은 그럭저럭 친다고 말할 수 있다. 집에서 방에서 빈 스윙을 하고서 잘한다고 칭찬받으면, 치앙마이에서 치는 건 말고 나는 한국에서 골프 안 쳤다고 진실로 말하는 것이 창피스럽다. 안 쳤다고 말하는 것도 이상해서 아예 미소만 지으며 말은 하지 않는다. 골프 치는 사람의 예의로서 부끄럽다.

남편한테 레슨 받고 남편이 가자고 해야만 필드에 나가는 나는 누구한테도 먼저 골프 치러 가자고 말한 적이 없다. 우연히 함께 친 분들이 골프 잘 친다고 그러면 "뭘요, 잘 치긴요. 여자들의 보통 실력은 특별한 사람 빼고는 거기서 거기이니 나도 그냥 하는 거예요." 하고 대답한다. 골프는 못 쳐도 가끔 남편과 필드에 나오면 기분이 달라지고 운동을 할 수 있으니 감사하다.

치앙마이 그 골프장에서 6개월마다 만나서 함께 운동을 같이 할 그분들을 생각할 때 건강한 몸을 위해서 연습을 해야지 생각하지만 또 못하고 하루하루 지난다. 집안에서 빈 스윙이라도 하려고 애쓴다.

지난겨울에 그분들과 라운딩 할 때 남편은 홀인원을 했다. 남편의 첫 번째 홀인원은 청주 그랜드 골프장에서 그곳 아마추어 챔피언인 멋진 김 사장과 함께 할 때 홀인원을 했는데, 두 번째 홀인원은 청담동 성당 자매님과 그 선배님과 함께 할 때 홀인원을 했다. 홀인원은 꼭 실력으로 되는 것은 아니고 운이라고 하지만 홀인원을 하게 되면 기분이 좋아진다. 참 우스운 일이다. 남편의 홀인원은 나와 함께 라운딩 할 때 했었다니… 생각해보면 남편은 나와 함께 있을 때 가장 빛나는 것은 아닌지 생각해 본다. 어린 시절의 꿈 - 지금까지 그래도 잘 살았다.

4부
아직도 남은 이야기

농부의 빛나는 마음

농사를 짓는다고 모두 농부는 아니다
시골 논과 밭에서 곡식을 키우고
과일나무 가꾸고 야채도 가꾸고
동물을 기르는 일을 하는
평범하게 살아가던 대부분의 농부였던
우리 조상의 어른들

농작물은 주인 발자욱 소리 들어가며
자란다는 그 말은 그만큼 정성을 들여야하는 직업이다
우리 아버지는 일찍 돌아가셔서 알 수 없지만
친구네 아버지의 감동적인 이야기는
마음속 깊이 남아 영원할 것이다

개구장이 애들이 여럿이라 싹 틔우기 위해
참외씨 수박씨 따뜻한 방안에서
적당한 온도로 싹 틔울 수 없어
전대 만들어 그 속에 씨앗 넣고
허리에 차고 다녀 일정한 온도로
따스한 사랑 주며 싹을 틔웠다는 미담은
온몸에 감동 돋아 영원한 정신을 남게 한 농부

나의 손자에게

사랑스런 우리 아기 태어나던 날
기쁨과 감사의 기도를 올렸습니다.

조상님과 오래된 전생의 인연으로
우리에게 온 아가는
엄마의 진통 끝에 태어나
환한 희망이 가득한 길거리로
첫걸음 뛰던 날
태어난 기쁨보다 배가 된 행복감을
영원하게 하소서.

우리 아기가 배고프고 지칠 때
늘 부모의 등에 기대 쉴 수 있는 가족의 울타리를
변함없이 웃음꽃으로 채워주소서.

돌을 맞은 우리 아기 건강하고
큰 꿈을 펼칠 수 있는
당당한 귀한 아이가 되게 하소서.

오늘의 메뉴

일찍 서울 간다고 하니 남편은 집안 돌본다.
어제 따놓은 홑잎 데쳐
고추장 들기름 넣어 무치고
씀바귀 한주먹 가시오가피 잎 한주먹 따서 데쳐
고추장 참기름에 넣어 무치다

밥은 검은콩 섞은 쌀밥
찌개는 쇠고기 얼린 것 녹여 200g 썰어
양파 감자 한개씩 깍둑 무우 썰어 들기름에 볶다가
물을 넣어 한소끔 끓인 후
작년 가을에 말린 호박고지를
20분간 불린 후 냄비에 넣어 함께
볶을 때 마늘을 함께 넣어준다.
끓인 후 간장 고추가루 소금으로 간 한다.

간장은 조금 넣는다.
조선애호박 말린 것이라 달고 맛있다.

비행기 안에서

타보면 신기할 것도 무서워 할 것도 없는
비행기.

뛰는 가슴 보일 새라 태연히 두 무릎 포개고
남편 옆에서 오십 평생에 처음 가는 해외여행은
신비롭고 무섭다.

몸은 하늘을 날고 있지만
떠오르는 상념들은 집안 곳곳을 살피고
지나온 날들을 돌아보게 한다.

나들이 가는 것이 이렇게 쉬운 것을
어렵고 힘들다고만 했다.

여행

아이들을 강하게 책임감을 느끼는 사람으로
키워야 한다고
꼭 가야하는 여행은 아니었지만
둘째 아이 학자금을 대출받아 등록금을 내고
여유 있게 여행길에 나섰다.

둘째는 대출을 받는 걸 싫어했지만
책임감을 지우려 받았다.

여행가는 돈을 아끼면 조금은 더 여유로울 것을 안다.
여행이 꼭 필요한 것은 아니었지만
엄마의 인생 중에
이런 여행도 있다는 걸 보여주고 싶어서다.

멋진 엄마가 되기 위한 한 부분이고
아이들에게도 훗날 보탬이 될 것이다.

사파이어 골프장

꿈속에서 보았던 마음속에서 그려 보았던
낙원이 여긴가 싶은
먼 이국땅 이곳은

강렬한 태양과 시원한 바람에 홀랑 벗겨져
비키니 수영복 걸친
날씬한 야자수의 흔들림.

녹색 나무와 땅으로 그네 타며
속삭이는 노랫소리는 잠시도 쉬지 않고 들려오는
이름 모를 새들의 합창은 신선한 충격을 주는 곳.

큰 호수로 이어지는 골프장의 골프공 소리가
호수위에 반사되어 나무위에 앉았다.

하늘이 호수가 되고 호수가 하늘이 되고 호수가 나무가 되고
사파이어 골프장은
사파이어 빛을 내는 하늘이 있고 호수가 있고
사파이어 빛을 내는 잔디가 있다.

백두산 그대

그대 보고 싶어 또 달려왔건만
그대 보는 순간 할 말을 잃고 말았소.

그대와 숨을 같이 들이쉬고
그대의 모습 오래도록 기억하기 위해 다시 찾아왔건만,
낯선 나라 중국에서 그대는 먼 곳에서 지켜볼 뿐 다가서지 않는구려.

낯선 수많은 사람들이 그대와 나 사이를 가로 막아
가까이 다가서게 하지 못하고,
그들은 허울 좋은 명분으로 그대를 감싸고 마구 대하는구려.

말도 못 건네 보고 돌아서는 내 발길에 그대 모습
간직할 수 없어 울고 가오.

그대 다시 만나는 날,
속 깊은 정 나누고
몇 천 년 이어온 민족의 정기를 받고 싶소.

윤동주, 용정을 가다

오늘은 시인 윤동주님을 만나러
용정 가는 날이다.

길림성에는 논이 보이지 않고
밭 곡식들만 자란다.
옥수수와 콩밭이다.

옛날에도 지금도 우리의 조상이 많이 살고 있어서인지
낯설지 않다.
우리나라 일부에 여행 온 것 같다.

이곳은 몇 년 사이에 급속히 발전해서
새 건물이 많았으며
거리에 오가는 사람들은 뜨거운 햇빛 아래서 분주하다.

간판을 주시하며 대성중학교를 보는 순간 뭉클해짐을 느낀다.
우리나라의 샛별같은 시인이 다닌 학교에 오니
갑자기 과거 속에 서 있는 것 같았다.

파도를 보며

얼마큼 세상을 날아가야
가슴에 맺힌 슬픔과 아픔을 잊을 수 있는지
얼마나 가야 낯선 곳의 평화로움과
가슴에 벅찬 순간을 느낄 수 있는지
알 수 없어 돌아서 온 여행길
관광지에서 분주함과 신비함이
시야에 한꺼번에 밀려오는 새로운 환경은
설레는 마음 달랠 길 없는 여행의 꿈들…
바다를 사랑했던 멀리 간 동생의 그리움도 잠시
잔잔한 물결의 배 안에서
찬란한 햇빛과 코발트빛 맑은 하늘과
검푸른 바다를 보고 있으면
지금까지 느껴보지 못한
잔잔하게 속삭이고 있는 여유가
가슴 속 파고든다
희로애락을 느끼지 못할 것 같은 순수한
하늘과 바다 색깔과 같은 여유가
생기 있게 가슴으로 밀려온다

그리스 여행을 꿈꾸며

갑자기 떠나버린 여름날 날씨도
긴 더위에 있었던 기억하고 싶었던 추억도
되돌아 볼 여유 없이 구월은 간다.
내일 신화의 나라로 여행을 떠나지만
복잡한 하루의 일과는 돌아볼 여유를 주지 않고,
내가 사랑하는 화분 속의 수줍은 얼굴들은
애가 타 눈빛으로 얘기한다.
떠나 있어야 하는 날들
시간이 흘러 돌아오는 날
제일 먼저 살펴봐야 할 식물들
월말에 떠나는 여행은 갈길을 바쁘게 한다.
매달 처리해야 하는 영수증 고지서 등
꼼꼼히 챙겨 처리하다 보니
여행 준비를 하지도 못하고
대강 짐을 꾸려 여행의 꿈을 꾸려 본다.
먼동이 트는 새벽에 일어나 모든 걸 준비하고 떠나가리.
쏟아지는 잠은 조금만 자고 일어나
여행 가방에 옷보다
즐거움과 행복을 가득 담아 갔다 오리라.

에게해의 파도

파도가 보이지 않는
잔잔한 파도의 물결
유리잔 속의 포도주처럼
맛의 향을 뿜어주는 고요하게 잠자고 있는
에게해 파도

멀리 보이는 작은 집들
에게해를 여행하는 사람들
에게해 주변의 풍요롭고 한가로운 경치는
욕망이나 경쟁심은 태초에
없었던 듯 유유히 흐르는 파도의
에게해 배 위에서
먼 곳을 보고 있으면 광대하고 찬란한 이상이 떠오른다.

가슴에 차오르는 따뜻한 사람이 애잔하게 밀려온다.
에게해처럼 순종하는 파도의 평화가
그리워지고 세상 밖으로 나가고 싶은 욕망은
찬란하고 풍성한 역사 속으로 빠져들고 싶다.

이방인

웅장한 로키 산맥이
펼쳐있는 낯선 여행지에서
젊은 남녀의 사랑하는 모습을 보고
잊어버린 우리의 지난 사랑을 보았다 하여
남의 눈을 의식하지 않고
표현하는 젊은이들과는
다른 사랑이었지만
사랑의 깊이는 별다른 차이가
없었다면서
그곳의 황홀한 정경은
남겨두고
흘러간 우리의 사랑을
눈빛 속에 가득 채워 넣고 운
로키산속의
이방인 남편

나바지오

하늘에서 보면 국그릇에 담긴 국자와 같은 해수욕장
여행길에서 수많은 흔적을 남긴 후에 만난 낯선 사람들
녹이 슬어 고철이 된 난파선이 정박해 있네.
지나온 세월과 전개되었을 아픔을 얘기해주고 있다
하얀 대리석이 파도에 깎여 하얀 조약돌이 되어
모래 위에 잠들고 세월의 흔적을 하얀 거품으로
사라지게 하는 하얀 파도
수영하는 사람들 틈 사이로 숨어버리는 만족한 행복한 꿈을
구름 한 점 없는 바닷물 같은 하늘과
끝없이 넓은 깨끗한 하늘같은 바닷물
잔잔한 물결 일으킬 때 영롱한 햇빛과 파도의 입김이
조화롭게 바위에 비춰지면 파아란 실크를 걸친
아가씨의 흰 속살 같은 대리석 바위가 된다.
바닷물의 신비스런 조화가 이어질 때
발을 담그면 이국땅임을 망각케 하는 하얀 물결의
간지러운 속삭임.
그림처럼 옮겨 놓을 수 있다면
달려가고 싶은 나바지오
국그릇에 담아가고 싶은……

나바지오(Navagio)는 그리스 이오니아 제도 자킨토스섬 해안에 있는 해변이다.

빅토리아 폭포 1

이곳을 보기 위해 먼 길을
비행기 타고 달리는 기분으로
숨 가쁘게 와서
아무 생각 없이 그냥 보고 싶다.

요란한 폭포의 울부짖음이
아픈 가슴 도려내어 사랑스런 미소로
채울 수 있는 텅 빈 가슴으로 폭포를 바라본다.

바람에 날라 온 물방울들은
이제야 만난 기쁨의 순간을
가슴속 이야기들을
감격의 눈물로 적셔주고
폭포의 신비라고 웅장한 이야기는
오랜 옛날 돌고 돌아온 전설처럼
폭포에 비친 무지개다리를 타고
상상의 꿈으로 날아오른다.

빅토리아 폭포 2

폭포를 보고 있으면
어디선가 내 앞에 선
어머니가 보인다.

눈을 감고 폭포소리 듣고 있으면
어머니의 사랑이 들려온다.

매일 이국땅에서 보고 싶은
어머니의 모습이…
낯선 환경의 폭포 속에서
늘 하고 싶어 하던 말을
하려 하지만 말을 못하고
또 사라진다.

늘 따라다니시며 사랑을
주시는 어머니
자식은 갚지도 못하는데…

오늘도 착한 삶을 살아야 하는
이유가 또 늘었다.

쌍계사 가는 길

재첩국 먹고 비가 오다 모텔에서 잠자고 화개장터로 지나는 쌍계사.

재첩국물 향이 배어있는 쌍계사 십리길 벚꽃! 섬진강물 흐르는 풍경 있어 쌍계사 벚꽃길에는 풍만한 삶이 보인다.

일상에 힘들어하는 사람들의 한숨 소리가 노랫가락으로 굽이굽이 흐르고 있다. 아직 만개하지 않은 통통한 꽃봉오리는 속이 찬 보리알처럼 터질 듯 풍요로운 구슬들이 가지에 열려 있는 것 같다.

벚꽃이 덜 핀 꽃들의 모습은 무한한 상상을 불러일으켜 만개했을 때보다 더 아름다운 모습을 보여준다.

재첩국 향과 보리 낟알 껄끄러운 느낌이 배어있는 쌍계사 벚꽃 십리길에는 화개장터에서 만난 길손이 또 있다.

쌍계사 가는 길,
초파일 날 이 길에는 연등이 길을 밝히고 삶의 진실을 기원하는 기도 소리와 고요한 평화의 길로 안내한다.

구슬처럼 매달려 노래하는 벚꽃 봉우리들…

빌딩 숲길

버스 안에서 지나칠 때는
대수롭지 않은 빌딩 숲인 줄 알았다.
빌딩숲이 산속만은 못해도 괜찮다 하며
서먹서먹하게 걸어갔더니
신선한 충격이 빌딩숲 나무에 앉았다.

사람이 살 곳이 아닌 줄 알고
쳐다보지도 않던 이곳
동네 뒷골목보다 세련된 모습으로
젊은 사람들 곁으로 다가와 있었다.

돌담이 커다란 나무 사이로 빠져나와
빨리 달리지 못하는 차들
니스 칠한 벤치에 앉은 친구 연인들 가까이
옆에 두고 생동하는 젊음을 끌어안았다.

빌딩숲보고 '저만큼 물러가라' 눈짓하고
자리 잡아 활활 타오르고 있는 싱싱한 잎새들
도심의 한복판에 사람들 빌딩으로 꽉 차있어
빌딩 숲엔 장송곡이 그려져 있으리라 생각한 곳이었는데

변두리에서 어수선하게 저 잘났다고 우쭐대는
갖가지 만물에 비춰보면 서울 중앙에 있는
빌딩숲은 겸손하고 정돈되어 아름다움이 있다.

옛날의 궁궐에서 호령하고 간절히 고하던 신하의
충언이 살아있는 듯
조화를 이뤄 하늘이 내려준 붓으로
칠하고 싶은 대로 색칠했다 지우는 수채화였다.

불멸의 산새 날아와 이곳에서 알 깨게 하여
뻐꾸기소리 들려온다면
저녁 해가 빌딩숲 가려 저녁노을 만이
애달프게 꼭대기 빌딩 거울에 비출 때
유치원 가방을 맨 아이를 업은 중년 남자가
걸어가면서 하는 말이 뻐꾸기 노래되어 왔다.

아빠는 너만을 사랑해.
너는 무슨 일이든 다 잘 할 수 있어.

부르스타코르즈에서

얼마나 멀리서 왔는지
지쳐 보이는 갈매기가 고기는 낚지 않고
빙빙 돌고 있는 하늘은
하얀 구름이 하얀 파도 거품 일듯이
연달아 그림을 그려놓고
하늘이 바다인 양 물결치고 있다.

쿠르즈가 지나는 거대한 바다 위 물결은
힘찬 소리를 내고 멜로디를 그리며
오케스트라로 웅장하게 연주된 곡들은
물속으로 소리 내며 사라지고 새로 재현될
물거품들의 발생은 다른 모습으로 흩어지며
흔적 없이 사라진다.

멀리 보이는 집하며 바람들이
사람 사는 곳인줄 알게 하고
배에 타고 있는 사람들 각자 다른 언어로 말하고 있어
뜻을 알 수 없어도
세상을 날고 싶은 큰 가슴에 사랑과 희망이
가득함을 눈빛으로 얘기하고 있다.